Ruhmlose Helden

Gesine Dornblüth · Thomas Franke

Ruhmlose Helden

Ein Flugzeugabsturz und die Tücken deutsch-russischer Verständigung

be.bra verlag

Bibliografische Information der Deutschen Nationalbibliothek
Die Deutsche Nationalbibliothek verzeichnet diese Publikation
in der Deutschen Nationalbibliografie; detaillierte bibliografische
Daten sind im Internet über http://dnb.d-nb.de abrufbar.

KulturBrauerei Haus 2
Schönhauser Allee 37, 10435 Berlin
post@bebraverlag.de
Lektorat: Gabriele Dietz, Berlin
Umschlag: hawemannundmosch, Berlin
Satz: typegerecht berlin
Schriften: Minion Pro, Frutiger Next Pro
Druck und Bindung: CPI books GmbH, Leck
ISBN 978-3-89809-199-2

www.bebraverlag.de

Inhalt

Vorwort

Dies ist eine Geschichte aus der heißen Zeit des Kalten Krieges. Hin und wieder wird sie in Dokumentationen über die Sechzigerjahre in Berlin erwähnt. In Wim Wenders' Film *Der Himmel über Berlin* sitzen die Engel Damiel und Cassiel in einem Cabriolet. Cassiel liest aus seinem Notizbuch vor: »Sonnenaufgang … Sonnenuntergang … Mondaufgang … Monduntergang … Wasserstand von Havel und Spree … Vor zwanzig Jahren stürzte ein sowjetischer Düsenjäger nahe der Spandauer Heerstraße in den Stößensee …«

Der Absturz der nagelneuen Maschine am 6. April 1966 war ein eher kleines Ereignis in den an gefährlichen Großereignissen reichen Sechzigern. Der Mauerbau lag nicht einmal fünf Jahre zurück, die Kubakrise, in der die Menschheit knapp an einem Atomkrieg vorbeischlitterte, nur vier Jahre. Doch das Unglück in der Frontstadt, der Flugzeugabsturz am Stößensee, hätte einen dritten Weltkrieg provozieren können. Berlins Regierender Bürgermeister Willy Brandt sprach anerkennend von einem »Opfer, durch das eine Katastrophe vermieden wurde.«

Genauso stellte es die Sowjetunion dar: Hätten die sowjetischen Piloten sich mit dem Schleudersitz gerettet, wäre ihre Maschine möglicherweise auf dicht besiedeltes Wohngebiet gestürzt. Geehrt wurden die zwei Piloten, Boris Kapustin und Juri Janow, trotzdem nur halbherzig. Zu Hause blieb ihnen die höchste Auszeichnung »Held der Sowjetunion« verwehrt, da das Flugzeug mit neuester Technik in die Hände des Feindes gefallen war. Schwerer als die Rettung von Menschenleben wog in Moskau, dass die Briten das Wrack ausschlachten und in den Besitz geheimer Technik kommen konnten.

Der Berliner Bezirk Spandau rang sich erst nach der Wende durch, die Piloten zu ehren, und das auch nur gegen Widerstände. In Eberswalde in Brandenburg, wo Kapustin und Janow stationiert waren, pflegen Mitglieder der ehemaligen Deutsch-Sowjetischen Freundschaft einen Gedenkstein, allerdings erst seit 2006. In Russland schließlich wollen junge Leute den Piloten ein Denkmal setzen, unterstützt von der Witwe eines der Männer. Dort sind Helden wieder gefragt. »Sie waren edle Menschen«, sagt eine junge Historikerin.

Dies ist auch eine Geschichte darüber, wie sich die Wahrnehmung historischer Ereignisse mit der Zeit verändert oder wie sie verändert wird. In den letzten 55 Jahren ist vieles durcheinandergeraten und anderes verklärt worden. Die menschliche Erinnerung ist unzuverlässig. Die Umstände, unter denen Kapustin und Janow verunglückten, lassen Raum für Interpretationen und auch für Fantasie. Was in den letzten Minuten in der Pilotenkapsel über Berlin wirklich passierte, ob die Männer tatsächlich einen Befehl verweigerten, um Menschenleben zu retten, und ob sie den trudelnden Düsenjet nach dem Ausfall beider Triebwerke noch kontrolliert in den Stößensee lenken konnten, ist nicht mehr bis ins letzte Detail zu klären.

Dies ist auch eine Geschichte über die Probleme, die entstehen können, wenn es keinen Grundkonsens über die Vergangenheit gibt. Dabei wollen unterschiedlichste Menschen in Ost und West, in Russland und Deutschland, das Gleiche. Trotzdem stoßen sie immer wieder auf Hindernisse. Denn es gibt keinen gemeinsamen Blick auf den Absturz der Piloten und keine Einigkeit in der Bewertung des Kalten Krieges und der heutigen politischen Situation. Es gibt generell kein gemeinsames russisch-deutsches Geschichtsverständnis.

In einer Zeit, in der Schwarz-Weiß-Denken um sich greift und über einen »neuen Kalten Krieg« geredet wird, erzählen wir, wie Vergangenheit manipuliert und politisch instrumentalisiert wird und sich aufgrund subjektiver Erinnerung so verändert, dass unterschiedliche Versionen einer Geschichte entstehen, deren gemeinsamer Nenner die Sehnsucht nach Helden ist. Wir wollen deutlich machen, wie weit der Blick auf die Sowjetunion, auf den Kalten Krieg und die Neunzigerjahre in Ost- und Westdeutschland auseinandergeht, wie diese unterschiedlichen Sichtweisen zustande kommen und dass zudem viele Russen ein verzerrtes Bild von Deutschland und von der Rolle der Sowjetunion in der DDR haben.

Die Geschichte des Absturzes von Boris Kapustin und Juri Janow ist eine Geschichte von großer Liebe, von Geheimdiensten, Tod, Verschwörungen, Politbürokratie, Heldentum und Propaganda. Es ist eine Geschichte von Erwartungen und Projektionen, in der auch Angela Merkel eine Rolle spielt. Und nicht zuletzt ist es eine Geschichte von Menschen, die sich für das Erinnern an diese beiden Piloten einsetzen, von Menschen aus unterschiedlichen Gesellschaftssystemen, die mit ihren Besonderheiten, Überzeugungen und Werten Kontakt jenseits organisierter Strukturen suchen und im viel diskutierten und äußerst komplizierten deutsch-russischen Verhältnis ein Ziel haben: Völkerverständigung, im Kleinen wie im Großen.

Bei der Rekonstruktion des Alltags auf dem Luftwaffenstützpunkt bei Eberswalde am Tag des Absturzes und der anschließenden Bergung in Berlin stützen wir uns auf Interviews mit Zeitzeugen und Berichte von Reportern vor Ort. Zitierte Briefe, Zeitungsberichte und andere Dokumente haben wir behutsam sprachlich korrigiert, Inhalt und Geist der Schriftstücke jedoch bewahrt.

1 Der Tag
Eberswalde-Finow

Der 6. April 1966 ist ein Mittwoch und beginnt auf dem Luftwaffenstützpunkt der Roten Armee in Finow wie viele andere Tage. Es ist bewölkt, ab und zu regnet es. Gegen acht Uhr morgens schrillt Alarm und Hauptmann Boris Kapustin läuft zum Hangar. Gegen elf Uhr steht er in voller Ausrüstung wieder vor seiner Frau. Fehlalarm. Das ist nichts Ungewöhnliches, oft gibt es sogar mitten in der Nacht Alarm oder er muss aus einem anderen Grund nachts arbeiten. »Ich lege mich noch ein bisschen hin«, sagt Boris zu Galina. Flieger und Seeleute können immer schlafen, das lernt man in jeder Armee der Welt. Boris Kapustin geht in das verdunkelte Schlafzimmer, seine Frau pflanzt Blumen. Vor dem Haus haben die beiden ein kleines Beet angelegt. Auf einem Bänkchen neben der Haustür döst eine Katze. Wenige Minuten später steht ihr Mann wieder vor Galina. Sein sonst sorgsam nach hinten frisiertes Haar ist zerzaust. »Ich kann nicht schlafen, Galinuschka, gibt es irgendetwas, das ich tun kann? Kann ich dir helfen?« Die Katze rekelt sich, springt vom Bänkchen, streicht Kapustin lautlos um die Beine.

»Ich bin gleich fertig mit dem Pflanzen, Borja. Aber bald kommt der Mai, wir müssen Fenster putzen. Ich glaube, es regnet heute nicht mehr, lass uns den Winterdreck abschrubben.«

»Mit Vergnügen«, sagt der Pilot. Er geht ins Bad, erfrischt sich, kämmt sein Haar. Irgendwie verspürt er an diesem Tag keine Lust zu fliegen. Das ist eher ungewöhnlich. Seit Beginn seiner Ausbildung hat er mehr als tausend Flugstunden absolviert und alles dafür getan, sich zum »Militärflieger erster Klasse« zu qualifizieren.

Seine Frau reicht ihm Putzmittel. »Mach bitte diese Seite, die andere ist schon fertig.«

Als hätte er das nicht gesehen. Und so steht Hauptmann Boris Kapustin auf der Leiter und putzt an einem Mittwochvormittag Fenster. Es ist sein letztes Jahr in der Westgruppe der Roten Armee, in wenigen Wochen soll er mit Frau und Sohn in die Sowjetunion zurückkehren.

»Es ist so schön hier. Freust du dich auf zu Hause?«, fragt er Galina.

»Ja, irgendwie schon.«

»So gut wie hier werden wir es nicht mehr haben, Galinuschka.«

»Ich weiß.«

Sie leben für sowjetische Verhältnisse privilegiert. Der Dienst in der Westgruppe in Deutschland ist um einiges luxuriöser als an anderen Orten, und die Offiziere dürfen im Unterschied zu den einfachen Soldaten ihre Familien mitnehmen. Die Kapustins haben es besonders gut getroffen.

In Finow, einem ruhigen, fast idyllischen Städtchen nahe Eberswalde, leben sie im Erdgeschoss einer Doppelhaushälfte in einer Fliegersiedlung am Ortsrand. In der Etage über ihnen ist technisches Personal des Luftwaffenstützpunkts untergebracht.

Die kleinen Häuser in den ruhigen Anliegerstraßen wurden vor dem Zweiten Weltkrieg für Arbeiter und ihre Familien gebaut. Die sowjetische Armee hat sie nach dem Krieg beschlagnahmt. In den Gärten wachsen Apfelbäume. Das Schlafzimmer ist zwar klein, das Wohnzimmer umso größer. Im Flur gibt es eine Kochecke, an der Wand steht eine Badewanne. Es ist eng und improvisiert, aber doch so viel besser als die Wohnverhältnisse in der Sowjetunion und komfortabler als das Leben in den großen Kasernen in Eberswalde und anderen Städten der DDR.

Die Fliegersiedlung in Finow ist umzäunt und grenzt direkt an den sowjetischen Flughafen. Während die meisten Männer mit dem Rad zur Arbeit fahren, geht Kapustin gewöhnlich zu Fuß, er hat einen schnellen Schritt. Der Wald ist nah und ganz in der Nähe gibt es einen See, in dem Boris Kapustin das ganze Jahr über badet. Schon als junger Mann hat er sich den »Walrössern« angeschlossen, den Eisbadern, und er ist mit seinen vierunddreißig Jahren immer noch gut

Boris Kapustin 1965 in der Fliegersiedlung in Finow

in Form. Kapustin ist gesellig, beliebt und der Parteisekretär seiner Fliegerstaffel. Seine Kameraden kommen gern zu ihm, auch wenn sie Probleme haben. Die Jahre in der DDR erscheinen der Familie als eine rundum gelungene Zeit.

»Weißt du, wen ich vermissen werde?«

»Wen denn?«

»Die Verkäuferin im Laden. Sie ist immer so nett. Aber ihr Russisch ist so schlecht.«

»Lern doch noch schnell Deutsch, Galina.«

Beide lachen.

»Ich freue mich darauf, dass es zu Hause im Winter wieder richtig kalt ist«, sagt Kapustin, denn für das Eisbaden war es in Deutschland in den vergangenen Jahren oft zu warm. Lediglich der Winter 1962/63 war mit drei Monaten Frost ganz nach seinem Geschmack. »Aber ich werde die Kameraden vermissen.«

Mit seinem Co-Piloten, Juri Janow, versteht er sich gut. Seit Jahren fliegen die beiden gemeinsam. Sie sind gleich alt, Janow hat wie er

Boris Wladislawowitsch Kapustin (links) und Juri Nikolajewitsch Janow (rechts)

Familie, lebt mit Frau und zwei kleinen Kindern in Finow. Kapustin und Janow waren die Ersten, die vom Kommandanten für besondere Leistungen ausgezeichnet wurden.

»Möchtest du Tee, Lieber?«, fragt Galina und wartet die Antwort gar nicht erst ab. Etwas später sitzen beide vor dem Haus. Der Flieder treibt erste Knospen.

»Mein geliebter Flieder«, sagt Kapustin und nimmt einen Löffel Marmelade zum Tee. Er hat den Busch selbst gepflanzt. Er drückt seiner Frau einen Kuss auf die Wange, sieht sie liebevoll an.

Ihr Sohn Waleri ist vor zwei Monaten acht Jahre alt geworden und weiß nicht recht, was er von dem bevorstehenden Umzug in die Sowjetunion halten soll. Er kann sich nicht vorstellen, wie das Leben dort sein wird, er kennt es nur von den seltenen Besuchen bei den Großeltern. In Finow hat er eine unbeschwerte Kindheit, die russische Grundschule ist in Fußnähe in der Fliegersiedlung, nachmittags tollt er mit den anderen Jungs in den Vorgärten oder dem angrenzenden Waldstück umher. Manchmal schleichen sich die Kinder heimlich aufs Flughafengelände, wo ihre Väter arbeiten und die einfachen Soldaten in Kasernen hausen; wenn sie erwischt werden, gibt es zwar Ärger, aber das lässt sich verschmerzen. Am Wochenende und an Feiertagen dürfen die Offiziersfamilien die Siedlung verlassen und spazieren durch Eberswalde. Dann sieht Waleri auch deutsche Kinder, aber in Kontakt kommen sie nicht. Der Schlagbaum, der Zaun um die Siedlung, die Sprachbarriere – es gibt viele Faktoren, die Begegnungen zwischen Deutschen und Sowjets verhindern, und sie sind, jenseits von offiziellen Treffen, auch nicht gewünscht.

»Ich kümmere mich zu wenig um den Jungen«, sagt Kapustin auf einmal.

Da hat er nicht unrecht. Wenn er vom Einsatz kommt, umringen ihn die Kinder seiner Kameraden, Waleri ist deshalb manchmal eifersüchtig.

»Aber, Lieber, das stimmt doch nicht. Rede nicht so einen Blödsinn, du kümmerst dich dauernd um Walera.«

Kapustin ist geschickt. Bevor er zur Fliegerei kam, hat er Industriemechaniker gelernt. Seinem Sohn hat er eine kleine Werkstatt im Keller eingerichtet. Dort bastelt er Kostüme, mal eine Wassermelone, mal eine Ritterrüstung. Er hält nicht viel von autoritärer Erziehung, lieber redet er mit seinem Jungen, überzeugt ihn, nimmt ihn in den Arm – untypisch für die Zeit und für Offiziere, nicht nur in der Sowjetunion der Sechzigerjahre.

»Nein, nein, Galinuschka. Ich muss mich mehr kümmern.«

Und so sitzt Hauptmann Boris Kapustin an diesem Mittwochmittag vor dem Haus und denkt über die letzten Jahre nach. Anstrengende Jahre. 1966 ist der Kalte Krieg auf seinem Höhepunkt, die weltpolitische Lage äußerst angespannt. Natürlich wirkt sich das auf das Leben der Soldaten aus, sehr zum Leidwesen von Waleri. Sein Vater kommt oft nur kurz nach Hause, isst schnell etwas, zieht sich um, ein Küsschen für Frau und Kind und weg ist er. Die Flieger des 668. Bomberregiments der 132. Bomberdivision der 24. Luftarmee stehen an vorderster Front. Kapustin ist überzeugt, eine wichtige Mission an der westlichen Grenze des sozialistischen Lagers zu erfüllen und den Luftraum der DDR zuverlässig zu schützen. Fünf Jahre nach dem

Familie Kapustin 1962: Galina, Waleri, Boris

Mauerbau und vier Jahre nach der Kubakrise ist die Kriegsgefahr immer noch groß. West-Berlin ist der DDR und der Sowjetunion ein Dorn im Auge. Die DDR hat sich nahezu komplett gegen den Westen abgeschottet. Es gibt nicht einmal ein Transitabkommen, das die Durchfahrt von Westdeutschland nach West-Berlin vereinfachen würde. Die Atmosphäre ist frostig.

Kapustin kennt den Westteil der Stadt nur von oben. Nach dem Zweiten Weltkrieg haben die Alliierten drei Luftkorridore zwischen dem späteren Bundesgebiet und West-Berlin für die Maschinen der USA, Großbritanniens und Frankreichs festgelegt. Über dem übrigen Gebiet der DDR haben westliche Flugzeuge nichts zu suchen. Über Berlin gilt eine sogenannte Kontrollzone, hier ist die Flughöhe auf maximal 3.000 Meter begrenzt. Diese Zone umfasst auch Teile Ost-Berlins, und so fliegen die Westalliierten mitunter über den Ostteil der Stadt. Die sowjetischen Kampfflugzeuge ihrerseits donnern fast täglich über West-Berlin, nicht selten durchbrechen sie dabei die Schallmauer – bewusst, um der Bevölkerung ihre Anwesenheit

Boris Kapustin 1965 auf dem sowjetischen Militärflugplatz Finow

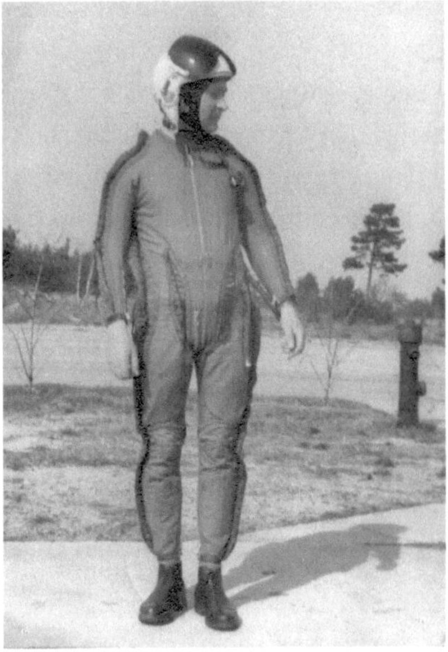

zu demonstrieren und sie mit dem Lärm, einem gewaltigen Knall, zu zermürben. Die Westsektoren besuchen, dürfen die Rotarmisten selbstverständlich nicht.

Kapustin fliegt gewöhnlich eine Iljuschin-28, der Bomber ist zu dieser Zeit in der Sowjetunion weit verbreitet. Doch kürzlich hat er umgeschult auf einen Abfangjäger vom Typ Jakowlew. Die Jak-28P ist brandneu, vollgestopft mit neuester Technik und soll schon bald in Serienproduktion gehen, um den Vorsprung gegenüber den USA in der Militärluftfahrt auszubauen. Natürlich unterliegt das Modell strengster Geheimhaltung.

Die Sechzigerjahre sind geprägt vom Wettlauf der Supermächte um den Vorsprung bei Waffentechnologien und Raketenantrieben, letztendlich um die Vorherrschaft im Kosmos. Die UdSSR hat 1957 mit dem Sputnik, dem ersten Satelliten im Weltall, einen Schock im Westen ausgelöst. Als vier Jahre später Juri Gagarin als erster Mensch die Erde umkreist, ist klar: die Sowjetunion hat einen immensen Vorsprung. Jetzt geht es darum, wer als Erster den Mond erreicht: die

USA oder die UdSSR. Teil des Wettlaufs um Raketentechnik ist auch die Entwicklung von Jagdflugzeugen wie der Jak-28P. Jederzeit bereit, über Westdeutschland zu kämpfen, sollen die hochmodernen Flugzeuge den Gegner einschüchtern. Die ersten Maschinen dieses Typs stehen im April 1966 bereits kampfbereit in Köthen in Sachsen-Anhalt, keine hundert Kilometer von der innerdeutschen Grenze entfernt. Fünf weitere haben Boris Kapustin und seine Kameraden am 3. April aus der Sowjetunion geholt.

Doch bei der Überführung gab es Probleme mit Kapustins Maschine. Statt direkt nach Köthen zu fliegen, mussten sie auf dem Stützpunkt in Finow zwischenlanden. Galina Kapustina hat sich erschreckt, als sie den Schlüssel viel früher als erwartet in der Tür hörte.

»Borja, was ist passiert?«, fragte sie. Ihr Mann hatte ein schwarz verschmiertes Gesicht.

»Stell dir vor, ein Motor hat versagt. Mit dem zweiten haben wir es gerade so hergeschafft.«

Seitdem versuchen die Monteure in Finow, das Flugzeug wieder startklar zu machen. Mehrmals schon wurde Kapustin zum Flugplatz gerufen, weil die Maschine angeblich wieder einsatzfähig war, dann wurde der Start erneut verschoben. Kein Wunder also, dass er am Vormittag des 6. April unruhig ist. Nun, Befehl ist Befehl, und auf dunkle Vorahnungen von Soldaten wird in keiner Armee der Welt Rücksicht genommen.

»Boris Wladislawowitsch! Wir haben es eilig.« Die anderen Flieger fahren lachend an ihm vorbei zum Flugplatz.

Als Letzter kommt sein Co-Pilot Juri Janow. »Los!«, ruft er. »Wir fliegen endlich.«

»Geh schon mal vor, ich komme gleich nach.«

Kapustin zögert.

»Borja, du musst los«, drängt nun auch Galina.

»Ach lass, die hole ich schon ein.«

Er steht auf, küsst seine Frau flüchtig und geht schnellen Schrittes in Richtung der Hangars. Kapustin hat noch keine zwanzig Schritte zurückgelegt, da dreht er sich plötzlich um, geht zurück, küsst seine Frau innig und umarmt sie fest. Dann reißt er sich los, doch nach

Boris Kapustin nach einem Flug, Finow 1964

wenigen Schritten dreht er sich erneut um, kommt wieder zurück und umarmt sie noch einmal – noch fester als zuvor.

»Nun ist aber gut, Borja.« Sie streicht ihm über die Wange.

»Was ist bloß los«, fragt sich Galina Kapustina, »so ist er doch sonst nie.«

Laut sagte sie: »Borja, du kommst zu spät, alle sind schon fort.«

»Keine Sorge, sie werden nicht ohne mich losfliegen.«

Und so geht Boris Kapustin an diesem 6. April schnellen Schrittes hinüber zum Flugplatz.

»Borja«, ruft Galina ihm hinterher, »du bist nicht du selbst.«

»Wahrscheinlich brauche ich Urlaub. Ich bin müde.«

Bald darauf stehen Kapustin und Janow mit der Jak-28P startbereit auf dem Rollfeld, neben ihnen eine zweite Maschine desselben Typs. Sie sollen gemeinsam nach Köthen fliegen. Die Triebwerke laufen warm, die Piloten warten auf die Starterlaubnis. Alles ist wie immer. Kapustins Unruhe weicht professioneller Konzentration. »Pojechali – auf geht's«, ruft er, als er den Befehl zum Start bekommt.

Sie rollen los, beschleunigen, und wenige Sekunden später, um 15:24 Uhr, heben die beiden Jak-28P endlich ab, durchbrechen die geschlossene Wolkendecke, die Piloten sehen den strahlend blauen Himmel. Kurze Zeit später erreichen sie die Flughöhe von 4.000 Metern. 200 Kilometer bis Köthen, 600 km/h, keine große Sache für die beiden Flugzeuge. Kapustin und Janow übernehmen die Führung und gehen auf Kurs. Doch plötzlich beginnen die Triebwerke ihrer Maschine erneut zu stottern. Kapustin gibt dem folgenden Flugzeug den Befehl, weiter rechts zu fliegen. Die Distanz zwischen den beiden beträgt jetzt 100 Meter. Kapustin und Janow fallen zurück, der Pilot der zweiten Jak versteht das als Hinweis, sich an die Spitze zu setzen. Eineinhalb Minuten später kann er die Jak von Kapustin und Janow nicht mehr sehen und spricht die Kameraden über Funk an.

»Ich höre«, antwortet Kapustin.

»Sehen Sie uns?«, fragt der andere.

»Nein.«

Das ist das Letzte, was er von Kapustin mitbekommt. Bei dessen Jak sind zu diesem Zeitpunkt beide Triebwerke komplett ausgefallen. Die Maschine kommt ins Trudeln. Immer schneller sackt das Flugzeug. Kapustin und Janow sehen die Häuser West-Berlins unter sich, immer näher kommen Straßen, Autos, Menschen.

»Jura, wahrscheinlich musst du jetzt springen.«

Janow antwortet: »Boris Wladislawowitsch, ich bleibe bei Ihnen.«

»Jura, spring!«

»Kommandeur, ich bleibe.«

Die Piloten sehen den noch kahlen Grunewald, die stark befahrene Heerstraße mit der Brücke über den Stößensee, die Havel.

Kurz darauf, fünfzehn Minuten nach dem Start in Finow, ragt nur noch das Heck des Düsenjägers aus dem Wasser, und Kapustin und Janow hängen tot in der Kanzel tief im Schlamm der Havel.

2 Die Bergung
West-Berlin

Um 15:40 Uhr klingelt beim *Spandauer Volksblatt* das Telefon. Eine Frau berichtet mit zitternder Stimme: »Da ist ein Flugzeug abgestürzt. Irgendwo im Grunewald.« Bald darauf der nächste Anrufer. Er stellt sich als Doktor Engel vor und auch er klingt äußerst aufgeregt. Er habe am Stößensee auf seinem Boot gearbeitet, »und dann war da so ein Geräusch. Ich schaue hoch. Und da seh ich ein Flugzeug. Die Maschine kippt und rast mit einer Halbspirale steil ins Wasser. Teile spritzen auf der Oberfläche hoch. Vor Schreck lief ich rückwärts ins Wasser.«

In der Feuerwache im West-Berliner Stadtteil Tempelhof geht am Nachmittag des 6. April 1966 noch alles seinen gewohnten Gang. Die Feuerwehrtaucher sind mitten in einer Übung, als die Alarmglocke sie zusammenzucken lässt. »Beeilt euch! Großalarm! In Spandau ist ein Flugzeug abgestürzt.« Der Rest ist Routine: Die Männer rennen zu ihrem Auto mit dem Schlauchboot und den Taucherausrüstungen. »Es ist ein Passagierflugzeug«, sagt einer. Während der Fahrt zwängen sich die Männer in ihre Taucheranzüge, schnallen Sauerstoffflaschen um. Als sie etwa eine halbe Stunde später am Stößensee ankommen, sehen sie nur den oberen Rand der silbern glänzenden Heckflosse aus dem Wasser ragen. Polizisten sind bereits dabei, das Ufer und die Zufahrten abzusperren. Auch die britische Militärpolizei ist da. West-Berlin ist in drei Sektoren aufgeteilt, Spandau und den Stößensee kontrollieren die Briten.

Die Taucher warten zunächst eine Weile am Ufer, dann trifft auch das Feuerlöschboot ein und fährt sie die wenigen Meter auf den See hinaus. Dort werfen sie Anker und die ersten beiden Taucher gehen über eine Treppe ins Wasser. Nach ein paar Minuten kommt einer von ihnen, Klaus Abraham, wieder hoch: »Man sieht nichts. Eine totale Schlammschlacht. Das Flugzeug steckt tief im Morast.«

»Geht an die Kanzel ran«, sagt der Einsatzleiter. »Guckt, ob ihr Personen findet.«

Abraham taucht noch einmal. Zentimeterweise tastet er sich voran, aber er kommt nicht weit. Immer dichter wird der Schlick. »Nichts zu machen, wir kommen nicht ran an die Kanzel«, informiert er den Einsatzleiter. »Die Maschine muss steil runtergekommen sein, die steckt viel zu tief im Schlamm. Wir können da nicht mehr schwimmen.« Die Taucher meinen, ein sowjetisches Hoheitsabzeichen identifiziert zu haben. »Versucht es weiter.«

Abraham taucht wieder ab. Noch ist unklar, um was für einen Flugzeugtyp es sich handelt. Doch eines stellen die Taucher schnell fest: Es ist eine Militärmaschine, kein Passagierflugzeug. Damit sind die Alliierten zuständig. Abraham ertastet ein Stück Blech, etwas größer als seine Hand. Er und sein Kollege kommen wieder hoch. »Ich muss kurz an meine Tasche«, sagt Abraham zu seinem Kollegen. Der grinst. Abraham ist seit sechs Jahren bei der Feuerwehr und liebt seinen Beruf. Er ist seit drei Jahren verheiratet und hat ein einjähriges Kind. Unbemerkt lässt er das Fundstück in seiner Tasche verschwinden. Dann taucht er wieder.

Mittlerweile ziehen Feuerwehrmänner Ölsperren um die Unfallstelle, um zu verhindern, dass eventuell austretender Treibstoff die Havel vergiftet. Auf dem Wasser bildet das Ölbindemittel eine weißgrüne Schaumschicht. Der Stößensee ist eine kleine geschützte Ausbuchtung der Havel, ein Bootssteg reiht sich an den anderen. Anfang April beginnen die meisten Wassersportler die Saison. An den Tagen vorher erledigen sie noch letzte Reparaturen, streichen, polieren, schleifen. Sie freuen sich auf Ostern, auch wenn Regen angekündigt ist. Für die West-Berliner ist die Havel mit ihren angrenzenden Seen, dem großen Wannsee und dem Grunewald *das* Naherholungsgebiet. Seit dem Mauerbau sind die drei Westsektoren abgeschottet. Das Umland, die Brandenburger Seen, das Havelland, der Spreewald und die Müritz sind für West-Berliner quasi unerreichbar. Mal eben rausfahren, zum Beispiel an die westdeutsche Ostseeküste, ist eine

Berliner Feuerwehrtaucher warten auf Kommandos der Briten

größere Aktion. Die Fahrt auf der Transitstrecke durch DDR-Gebiet dauert Stunden und man weiß nie, wie lange man an den Grenzübergängen aufgehalten wird. Dazu kommen schikanöse Kontrollen. Ein eigenes Boot ist in West-Berlin etwas Großartiges, bietet das Gefühl von Freiheit in der ummauerten Stadt. »An warmen Sommerwochenenden kommt man trockenen Fußes über die Havel«, witzeln Freizeitkapitäne, so voll ist es dann auf dem Wasser. Aber an diesem 6. April, mitten in der Woche, sind nur wenige auf ihren Booten, um ihre Schiffe für die Saison fertig zu machen.

»Achtung, Achtung, hier spricht die Polizei! Stellen Sie bitte das Rauchen ein. Explosionsgefahr!«, schallt es über den See. Am Ufer wird es immer voller. Blaulicht, Sirenen, Rettungsfahrzeuge. Es riecht beißend nach Kerosin. Die am Nachmittag viel befahrene Heerstraße mit der Brücke über den Stößensee wird gesperrt. Viele Ausweichstrecken über die Havel von und nach Spandau gibt es nicht. Der beginnende Feierabendverkehr staut sich. Lediglich Busse fahren noch. Auch deren Fahrgäste werden aufgefordert, nicht zu rauchen.

Die Stäbe der Besatzungsmächte werden aktiv und informieren die Regierungen in London, Moskau, Paris und Washington; jeder Zwischenfall kann die angespannte Lage zwischen Ost und West eskalieren lassen. Bald nach dem Absturz treffen britische Soldaten an der Unglücksstelle ein, ebenso Vertreter der USA und Frankreichs, der anderen beiden Westalliierten. Briten in Zivil setzen mit einem Boot über zur Absturzstelle. »Wir übernehmen das hier«, erklären sie.

Den Offizieren der Royal Air Force ist schnell klar, dass es sich bei der abgestürzten Militärmaschine um ein modernes sowjetisches Flugzeug handelt, und das ist für die Nachrichtendienste äußerst interessant, gerade angesichts des sowjetischen Vorsprungs in der Raketentechnik. Die Briten haben keine eigenen Taucher in Berlin, deshalb weisen sie die Berliner Feuerwehrleute an: »In wenigen Stunden werden unsere Spezialisten hier sein. Wir werden Ihnen sagen, was Sie tun können. Aber erst mal erzählen Sie uns bitte, was Sie da unten gesehen haben.« Die Antwort fällt knapp aus.

Am Ufer wimmelt es längst von Schaulustigen. Reporter suchen Augenzeugen. Eine Frau mit einem Kind auf dem Arm schildert der SFB-Abendschau ruhig, was sie gesehen hat: »Wir haben gerade hier am Würstchenstand gesessen und Würstchen gegessen. Und plötzlich kam hier so 'ne Düsenmaschine mit 'nem roten Stern auf uns zu. Und da dachten wir, nanu, was macht der denn für Kunststückchen. Auf einmal wurde er ganz langsam, kam immer tiefer und trudelt, trudelt, und mit dem Kopf zuerst runter. Ich lief dann gleich los und wollte sehen, vielleicht ist was passiert, vielleicht kann man helfen. Aber der war schon direkt im Wasser drin. Man konnte nix mehr sehen.« Überhaupt ist an der Würstchenbude in der Nähe der Brücke einiges los. Die Leute bestellen Bier und Schnaps. »Falls ihr so weitermacht«, ruft der Wirt in die Runde, »hab ich bald nichts mehr auf Lager.«

Der Fernsehreporter drängelt sich durch die Menge. »Wenn die Alliierten das immer weiter mit ansehen, die Mauer haben sie mit angesehen, dann sollten sie aber wirklich bald mal was machen dagegen«, sagt ein Mann in die Kamera. »Als einfacher Mensch weiß

Verängstigt und verärgert: Schaulustige am Stößensee

man nicht, was man machen soll, aber die sollen was machen. So kann es ja gar nicht weitergehen, immer nur die Nervenbelastung.«

»Danke«, sagt der Reporter, »Sie sprechen mir aus der Seele.« Dann wendet er sich anderen zu: »Wer von Ihnen hat den Absturz gesehen?«

»Ich«, sagt einer. »Ich auch«, ein anderer.

»Darf ich Sie gleich mal ansprechen, wenn die Kamera läuft, und Sie schildern mir bitte kurz, was Sie gesehen haben, für die Abendschau?«

»Klar.«

»Können Sie sich bitte hier zusammenstellen, dann schwenken wir ein bisschen auf Sie.« Der Reporter zieht sich einen Moment zurück, sammelt sich, nimmt das Mikrofon.

»Fertig?«, fragt der Kameramann.

»Von mir aus können wir.«

»Na dann …« Der Kameramann verschwindet hinter der Kamera, kneift ein Auge zu. Der Reporter strafft sich.

»Es läuft«, sagt der Kameramann, »und bitte.«

»Von dem abgestürzten Flugzeug ist nichts zu sehen. Die Polizei gab eben eine Meldung durch, dass das Rauchen in unmittelbarer Umgebung der Stößenseebrücke eingestellt werden soll, da Explosionsgefahr besteht. Als die ersten Feuerwehrzüge am Absturzort eintrafen, ragte nur ein Teil des Leitwerkes der Maschine aus dem Wasser heraus. Die Kanzel hatte sich in den morastigen Boden gegraben. Im Übrigen wurde sofort die höchste Alarmstufe gegeben und eine unübersehbare Zahl von Rettungsfahrzeugen stellte sich im benachbarten Waldgelände in Bereitschaft.«

Er wendet sich den Männern zu, die neben ihm stehen.

»Meine Herren, Sie haben gesehen, wie das Flugzeug abgestürzt ist. Was konnten Sie beobachten?«

»Wir konnten nur den Flug sehen. Kam im Steilflug an und dann gab es einen Knall und in dem Moment war er im See verschwunden.«

Der zweite Mann nickt. »Ich hab es gesehen. Der kam an, fing an zu trudeln, die Triebwerke liefen nur noch ganz leise und dann hörte man nur noch einen dumpfen Aufknall. Ich war etwa zweihundert bis dreihundert Meter weg.«

Auch Radioreporter suchen nach Informationen. »Wir hörten oben das Brummen«, berichtet ein Mann dem RIAS, dem Rundfunk im amerikanischen Sektor. »Es war aber kein Flugzeug zu sehen, und ein Ehepaar machte uns darauf aufmerksam, dass aus dem blauen Dunst ein Flugzeug im Sturzflug nach unten kam. Als er hundert, hundertfünfzig Meter über dem Turm war, fing er zweimal an zu trudeln und kurz hinterher, wir waren ja auf der anderen Seite der Heerstraße, ging es patsch. Das war ein Zeichen, dass er nicht explodierte, dass er hier im Wasser aufschlug.«

Für die Berliner Feuerwehrtaucher gibt es nun doch wieder etwas zu tun. In Abstimmung mit den Briten schickt der Einsatzleiter sie zurück ins Wasser: »Sucht das Umfeld nach Wrackteilen ab.«

Unablässig tauchen die Männer, finden aber nichts von Bedeutung. Schließlich ein neuer Auftrag: »Versucht, Haltepunkte am Wrack zu finden. Damit wir das Ding anheben können.« Sie schaffen es, Gurte um das Flugzeug zu legen. Nach einer Weile trifft ein Prahm ein, eine Plattform mit einem kleinen Kran darauf. Klaus Abraham und seine Kollegen betrachten aus geringer Entfernung, wie das Gerät zum Einsatz kommt. Der Ponton bewegt sich, nicht das Flugzeug. Der Kran ist zu schwach.

»Ein größerer ist bereits unterwegs«, sagt der Einsatzleiter. »Ihr bleibt so lange hier, bis die Bergungsaktion gelaufen ist. Falls hier irgendwas Feuer fängt. Da ist ja noch Treibstoff drin.«

Jetzt heißt es warten.

Um 17:35 Uhr geben die Briten eine erste relativ nichtssagende Meldung an die Presse heraus. Ein Sprecher der Alliierten bestätigt darin lediglich den Absturz eines »nicht identifizierten Flugzeugs«. Weiter heißt es, es gäbe »Hinweise« darauf, dass es sich um eine sowjetische Militärmaschine handele, doch »das Flugzeug ist so tief im Schlamm eingegraben, dass es nicht möglich ist, das zu bestätigen.«

Gerüchte machen die Runde, die Kanzel sei leer. Die Piloten hätten sich mit dem Schleudersitz gerettet, seien über West-Berlin abgesprungen, vielleicht auch noch über dem Osten der Stadt. Berliner Polizei und Alliierte suchen mit einem Großaufgebot nach den feindlichen Soldaten. Auch Hubschrauber sind im Einsatz.

Kurz nach 18 Uhr treffen mehrere sowjetische Fahrzeuge mit Offizieren am Stößensee ein. Auf einem Mannschaftswagen sitzen etwa zwanzig Soldaten, einige von ihnen tragen Waffen. Offensichtlich handelt es sich um die Ablösung der Wache am Sowjetischen Ehrenmal an der Straße des 17. Juni im Tiergarten in West-Berlin. Einige Schaulustige greifen, als sie die sowjetischen Soldaten sehen, zu Steinen und bewerfen sie. »Russenpack« und »Kommunistenschweine« rufen mehrere, »Mörder«, »Russen raus« und »Verzieht euch!« Auch bei den Briten stößt das Erscheinen der sowjetischen Soldaten auf Ablehnung. Die vier Siegermächte haben in einem gemeinsamen Abkommen festgelegt, dass sich Soldaten in fremden Sektoren nicht bewaffnet bewegen dürfen. Die sowjetische Ehrenwache im West-Berliner Tiergarten ist davon ausgenommen, doch das heißt noch lange nicht, dass es Angehörigen der Roten Armee erlaubt ist, bewaffnet quer durch die Stadt nach Spandau zu fahren.

Am Checkpoint Charlie, dem Übergang an der Friedrichstraße, halten US-Soldaten einen weiteren sowjetischen Transporter mit Soldaten auf, als dieser die Sektorengrenze nach West-Berlin passieren möchte.

Klaus Abraham hat seine eigenen Erfahrungen mit sowjetischen Soldaten, gute wie schlechte. Er hat während des Krieges mit seinem Bruder und seiner Mutter in Berlin-Kreuzberg gelebt, in der Hasenheide. Bei Kriegsende übernahmen zunächst sowjetische Soldaten den Bezirk. Die Familie hatte wenig zu essen, doch in der Nähe gab es ein Lebensmittellager, angelegt noch von den Nazis. Die Sowjets gaben das Lager für die Berliner frei, stellten aber einen Militärposten davor, der für Ordnung sorgen sollte. Klaus Abraham war acht Jahre alt, als ihn seine Mutter allein in das Lebensmittellager gehen ließ. Er krabbelte über einen riesigen Haufen Erbsen und ergatterte eine Kiste Würfelzucker, sechs Pfund. Mit Mühe trug er die wertvolle Beute zurück über den Erbsenhaufen, rutschte weg, fiel, schaffte es schließlich hinaus auf die Straße, wo ein Fremder versuchte, ihm das kostbare Gut zu entreißen. Da brüllte der Sowjetsoldat quer über die Straße: »Du! Hier!« Den Jungen packte die Angst. Seine Mutter, die vor dem Lager gewartet hatte, ging nervös auf der anderen Straßenseite auf und ab. »Komm!«, brüllte der Soldat auch sie an. Doch dann ließ er die beiden mit dem Zucker gehen. Als kleiner Junge ist Klaus Abraham auch ein paarmal bei sowjetischen Soldaten auf dem Panzer mitgefahren. Seine Mutter hatte dann immer schreckliche Angst. Er hingegen bekam den Eindruck, die Sowjets mochten Kinder.

Die Angst der Mutter war nicht unberechtigt. Eines Abends schlug ein betrunkener sowjetischer Soldat im Rausch die Tür ihrer Wohnung ein. Er hatte die Mutter auf der Straße gesehen und war ihr gefolgt. Sie floh mit ihren beiden Jungs durch den Hinterausgang. Mehrere Stunden versteckten sie sich im Park. Als sie schließlich in die Wohnung zurückkamen, hatte der Soldat das gesamte Mobiliar kaputt geschlagen. Klaus Abrahams Mutter aber war eine clevere Frau. Sie bot einem sowjetischen Offizier an, bei ihnen zu wohnen. Der Rotarmist trieb es mit seinen Kameraden zwar wüst in seinem

Frustrierte sowjetische Offiziere: Keine Chance, etwas zu sehen

Zimmer, der Trick aber funktionierte, die Familie blieb fortan unbehelligt.

Im Sommer kamen dann die Amerikaner nach Kreuzberg, entsprechend der in Jalta zwischen den vier Siegermächten besprochenen Sektorenaufteilung. Das gefiel Klaus Abraham und seinen Freunden, denn die GIs waren locker, verteilten Kaugummis und Schokolade. Als im Juni 1948 die Sowjetunion West-Berlin blockierte, wurde vollends klar, wer Freund und wer Feind war. Anlass für die Berlin-Blockade war die Währungsreform in den Westzonen, der späteren Bundesrepublik. Dort führten die Westalliierten am 20. Juni 1948 die Deutsche Mark als offizielles Zahlungsmittel ein. Pläne für eine einheitliche Währungsreform in ganz Deutschland waren zuvor am Widerstand der Sowjets gescheitert. Nun fürchtete die sowjetische Verwaltung, dass die West-Berliner die sowjetische Besatzungszone mit der im Westen wertlos gewordenen Reichsmark überschwemmen würden. Sie reagierte umgehend, sperrte den Personenverkehr von und nach West-Berlin und führte am 23. Juni 1948 in ihrem Sektor gleichfalls neues Geld ein, die Mark. West-Berlin erklärte zwei Tage später die D-Mark in seinen Zonen zum Zahlungsmittel; die Sowjetunion sprach von einer Provokation. Am 29. Juni kappte sie die letzte Verbindung zwischen den Westzonen und West-Berlin. Lediglich die nach Kriegsende zwischen den Alliierten vereinbarten Luftkorridore für US-Amerikaner, Franzosen und Briten blieben bestehen. Bereits Ende Juni landeten die ersten alliierten Flugzeuge mit Versorgungsgütern für die West-Berliner Bevölkerung, die sogenannten Rosinenbomber, zunächst in Tempelhof und Gatow, den alliierten Flughäfen der Stadt. Sie brachten nicht nur Lebensmittel, sondern auch Briketts, Seife, alles, was die Menschen zum Leben brauchten. Klaus Abraham war mittlerweile elf Jahre alt und lief oft durch die Hasenheide zum Flughafen Tempelhof, denn die Piloten warfen dort für die Kinder beim Anflug kleine Pakete mit Süßigkeiten an selbst gebastelten Fallschirmen ab.

Die Luftbrücke war ein gewaltiger Kraftakt der Westmächte. Unter Hochdruck wurde im Herbst 1948 der Flughafen Tegel im französischen Sektor fertiggestellt, um die täglich bis zu 5.000 Tonnen Güter auf dem Luftweg anliefern zu können. Diese Flugzeuge wurden von den West-Berlinern sehnlichst erwartet, Tag und Nacht landeten die Maschinen, manchmal waren es mehr als tausend Flüge in 24 Stunden. Bei den schnell aufeinanderfolgenden Starts und Landungen kam es zu zahlreichen Unfällen, mindestens 85 Menschen verloren ihr Leben, die meisten waren Briten und Amerikaner. Die Luftbrücke schweißte die West-Berliner und die westlichen Besatzer zusammen: aus Siegermächten wurden Schutzmächte.

Die Sowjets nahmen die groß angelegte Hilfsaktion der Westalliierten nicht tatenlos hin. Mehrfach bedrängten sowjetische Kampfflugzeuge die Rosinenbomber, vereinzelt beschoss sowjetische Flak die Flugzeuge. Doch die Westalliierten ließen sich nicht einschüchtern.

Nach knapp einem Jahr, im Mai 1949, hob die Sowjetunion die Blockade schließlich auf – möglicherweise auch, um dem immensen Imagegewinn der Westalliierten durch die Luftbrücke entgegenzuwirken. Die Rosinenbomber flogen noch bis in den September 1949.

Klaus Abraham erinnert sich gern an diese Zeit, sie war nicht einfach, aber aufregend. Jetzt schaut er sich die Auseinandersetzung zwischen Sowjets und Briten an der Absturzstelle an, kann aber aus der Entfernung nicht verstehen, was die Offiziere miteinander besprechen.

In Berlin haben die Menschen Angst, zwischen den Großmächten zerrieben zu werden. Die Westalliierten haben die West-Berliner während der Berlin-Blockade vor dem Verhungern bewahrt – aber würden die USA im Ernstfall einen Krieg um den Westteil der Stadt führen? Es sind ja nicht nur die Überschallflüge der sowjetischen Düsenjäger mit ihrem ohrenbetäubenden Lärm über West-Berlin, die an den Nerven zehren. Immer wieder berichten die Zeitungen von Zwischenfällen entlang der Luftkorridore. Im Frühjahr 1948 rammte ein sowjetischer Abfangjäger eine britische Militärmaschine vor der Landung auf dem West-Berliner Flughafen Gatow. Fünfzehn Briten wurden getötet. Und es traf sogar Zivilmaschinen. 1952 griffen zwei sowjetische Düsenjäger ein französisches Passagierflugzeug über Dessau an, mehrere Menschen wurden verletzt. Die Sowjetunion warf der Air France vor, sie habe den Korridor verlassen, die Franzosen stritten das ab. Die Maschine konnte in Tempelhof landen, dort wurden mehr als zwanzig Einschüsse gezählt. Im selben Jahr geriet ein US-Sanitätsflugzeug unter Beschuss. 1953 schossen sowjetische Düsenjäger einen britischen Bomber zwischen Hamburg und Berlin ab, sechs Tote. 1963 nahmen sie das Privatflugzeug eines britischen Komikers auf dem Weg nach Berlin unter Feuer. Er blieb unverletzt. 1964 starben drei US-Offiziere beim Abschuss eines Trainingsflugzeugs durch sowjetische Düsenjets. Offensichtlich nutzen beide Seiten die Überflüge auch, um feindliches Gelände zu erkunden und heimlich Aufnahmen zu machen. Der Vorwurf lautet Spionage. Es ist ein gefährliches Katz-und-Maus-Spiel, und die Berliner haben Angst.

Auch die Entwicklungen in der DDR, das Ersticken jeglicher Freiheitsbestrebungen, sorgen nicht für Entspannung. Im Juni 1953 war in Ost-Berlin ein schwelender Protest gegen die Führung der DDR eskaliert. Die Wut auf die Sowjetunion und die Regierung unter der Führung von Walter Ulbricht war groß. Unterdrückung Andersdenkender, Todesurteile und Reparationen (die Sowjetunion ließ ganze Fabriken demontieren) sorgten für Unruhe. Als dann noch die Arbeitsnormen erhöht wurden, brach sich der Protest nicht nur in Berlin Bahn. Menschen verbrannten Fahnen und verprügelten Funktionäre. In der gesamten DDR beteiligten sich verschiedenen Schätzungen zufolge zwischen 400.000 und 1,5 Millionen Menschen an den Protesten und Streiks. Sie besetzten Rathäuser, Polizeireviere, Büros der SED, der Sozialistischen Einheitspartei Deutschlands, Gefängnisse, einzelne Einrichtungen des Ministeriums für Staatssicherheit. In Berlin waren es die Bauarbeiter der prestigeträchtigen Stalinallee, die als Erste auf die Straße gingen.

Die DDR-Führung drohte die Kontrolle zu verlieren. Die sowjetischen Kommandanten verhängten den Ausnahmezustand. Sowjetische Panzer fuhren auf, Tausende sowjetische Soldaten und 8.000 kasernierte Volkspolizisten rückten aus. Die Protestierenden gingen mit Steinen gegen die Panzer vor. 34 Demonstranten wurden von Volkspolizisten und sowjetischen Soldaten erschossen. Die sowjetischen Militärs setzten Standgerichte ein; 19 Demonstranten wurden zum Tode verurteilt und hingerichtet, Hunderte in Straflager in der Sowjetunion deportiert. Insgesamt sind Volkspolizei und Staatssicherheit für den Tod von 125 Menschen verantwortlich. Das Ministerium für Staatssicherheit sprach von einem »faschistischen Putschversuch«, Chefpropagandist Karl-Eduard von Schnitzler von »bezahlten Provokateuren« und »gekauftem Abschaum der Westberliner Unterwelt«, die einen »Anschlag auf die Freiheit« versucht hätten. Später verhängten DDR-Gerichte weitere zwei Todesurteile und diverse Zuchthausstrafen, darunter drei lebenslange. Von mehr als 1.500 vor DDR-Gerichten im Zusammenhang mit den Protesten Angeklagten wurden nicht mal vierzig freigesprochen. Die Häftlinge des 17. Juni wurden besonders gekennzeichnet, litten häufig auch Jahre nach ihrer Haft noch unter gesundheitlichen Schäden. Ehepartnern wurde empfohlen, sich scheiden zu lassen, die Verurteilten verloren das Sorgerecht für ihre Kinder.

Die West-Berliner waren schockiert über das, was im anderen Teil der Stadt mit ihren Freunden, Verwandten, Nachbarn passierte. Das

SED-Regime ließ Oppositionelle sogar in West-Berlin entführen und in DDR-Gefängnisse bringen. Die Tage um den 17. Juni 1953 hatten gezeigt, mit welcher Brutalität die Sowjetmacht die DDR-Führung unterstützte. Ein traumatisches Erlebnis, übertroffen dann noch vom Mauerbau 1961. Die West-Berliner lebten auf einer Insel relativer Freiheit, doch ihre Wut und das Gefühl der Hilflosigkeit wurden mit jedem Ereignis größer. Ohne die Streitkräfte der westlichen Besatzungsmächte USA, Großbritannien und Frankreich wären sie quasi schutzlos.

An der Würstchenbude reden sich die alkoholisierten Schaulustigen die Köpfe heiß.

»Am 17. Juni haben sie nichts gemacht. Ständig neue Kontrollen und Schikanen, wenn man in den Urlaub fahren will. Mir reicht's!«

»Jawoll!«

Mit steigendem Alkoholpegel wird deutlich, wie blank die Nerven liegen.

»So was musste ja irgendwann passieren. Die Alliierten müssen endlich handeln und den Russen Grenzen zeigen.«

»Genau. Wir wollen endlich Klarheit. Ständig diese Angst.«

»Ich will nicht, dass die Sowjets Raketen nach Kuba bringen. Meine Frau hat Angst, dass die uns einfach so einkassieren.«

»Glaube ich nicht, dass die Amis das zulassen.«

»Vor einem Jahr haben sie auch nicht eingegriffen.«

Fast auf den Tag genau vor einem Jahr hatte der Deutsche Bundestag in der Kongresshalle in West-Berlin getagt. Der Sitz des Bundestags war Bonn. An Bundestagswahlen durften West-Berliner nicht teilnehmen. Sie mussten auch nicht zur Bundeswehr. Doch die Abgeordneten wollten mit ihrer Sitzung am 7. April 1965 in der ohnehin schon gespannten Situation ein Zeichen setzen. Die DDR protestierte, verwies auf den Viermächtestatus Berlins. Im Vorfeld der Sitzung verzögerte sie die Grenzkontrollen, manche Berlin-Besucher mussten 18 Stunden am Übergang warten. »Mit Drohungen und Schikanen«, erklärte Bundestagspräsident Eugen Gerstenmaier, CDU, in seiner Eröffnungsrede, »haben die in Pankow ansässigen Vertreter einer fremden Besatzungsmacht uns an der Ausübung unseres Rechtes zu hindern versucht, hier in Berlin in diesen Tagen zusammenzukommen. Das Recht des Deutschen Bundestages, in Berlin zu tagen, ist unantastbar.« Mit den »in Pankow ansässigen Vertretern« meinte Gerstenmaier das Regime von Walter Ulbricht. Die Sowjetmacht ließ während der Sitzung besonders viele Düsenjäger direkt über die Kongresshalle fliegen, selbstverständlich mit Überschallknall. Scheiben gingen zu Bruch. Auch über den Flughäfen Tempelhof, Gatow und Tegel flogen die Sowjets Manöver. Der Bundestag tagte erst nach der Maueröffnung wieder in Berlin. Bei den West-Berlinern rief dieser Tag schlimmste Erinnerungen an den Krieg wach, und sie sind ein Jahr später, als das Wrack einer Militärmaschine aus dem Wasser des Stößensees ragt, nicht vergessen.

In Moskau sorgt die Nachricht vom Absturz der mit streng geheimer Technik ausgestatteten Jak-28P in West-Berlin für Aufregung. Seit einer Woche findet dort der 23. Kongress der KPdSU statt, bis eben waren die Delegierten bester Laune. Am 4. April hatten sie gemeinsam die Internationale gehört, gesendet von der sowjetischen Raumsonde Luna 10, der ersten Sonde, die den Mond umkreiste. Ein wichtiger Schritt im Wettrennen mit den USA und ein großer Sieg im Kampf um die Vorherrschaft im Weltall und in der Raketentechnik. Die Neuigkeiten aus Berlin verhageln die Feierstimmung und legen einen Schatten auf den geplanten triumphalen Abschluss des Parteitages am 8. April. An diesem Tag will Leonid Breschnew, bisher Erster Sekretär des Zentralkomitees der KPdSU, den Titel Generalsekretär des Zentralkomitees der KPdSU übernehmen, den der Diktator Josef Stalin bis 1952 geführt hat – ein Schritt von hoher Symbolkraft, der Breschnews Position dauerhaft festigen wird. Ein Zwischenfall in Berlin kann jederzeit zu einem gefährlichen Kräftemessen oder einem Atomkrieg mit den USA führen und die Abläufe in Moskau stören. Zuletzt standen sich im Oktober 1961 ein US-Panzer und ein sowjetischer Panzer am Grenzübergang Friedrichstraße direkt gegenüber. Erst ein Telefonat zwischen US-Präsident John F. Kennedy und dem sowjetischen Staatschef Nikita Chruschtschow deeskalierte die Lage. Berlin ist Chefsache, in Washington wie in Moskau.

Begehrter Schrott: Die Jak-28P in Einzelteilen

Am Stößensee ist das Machtspiel der Siegermächte in Reinform zu beobachten. Die sowjetischen Offiziere besichtigen die Absturzstelle, selbstverständlich begleitet von britischen Offizieren.

»Wir verlangen, die Bergung selbst vorzunehmen«, fordert der sowjetische Kommandant, »das ist unser Flugzeug.«

»Auf gar keinen Fall! Sie befinden sich hier im britischen Sektor.«

Die Briten weisen den Sowjets einen Ort im Uferbereich zu, von dem aus sie die Bergung beobachten dürfen. Der Lkw mit den zum Teil bewaffneten Soldaten fährt nach dem Protest der Briten wieder ab. Dann versuchen es die Sowjets diplomatisch. Ein hoher Beamter der Botschaft berichtet Journalisten von Verhandlungen auf verschiedenen Ebenen. Das bisher für die Bergung eingesetzte Gerät sei zu schwach, um das Flugzeug zu heben. »Wir können binnen einer Stunde unser Spezialgerät schicken.« Die Briten lehnen ab.

Endlich trifft der Ponton mit dem großen Kran ein. Er trägt den programmatischen Namen »Herkules«. Feuerwehrtaucher Abraham beobachtet aus einiger Entfernung, wie der Kran das Wrack kurz leicht anhebt. Luftblasen steigen auf. Das Wasser ringsum färbt sich rot. Abraham hat schon viel gesehen, doch diesen Anblick wird er sein Leben lang nicht vergessen. Schlagartig wird ihm klar: Das muss Blut sein. Die Piloten sind offensichtlich noch an Bord.

»Guckt mal«, sagt Abraham zu seinen Kollegen, »die müssen komplett zerschmettert sein. Das ist wie gegen Beton zu fliegen. Da bleibt wahrscheinlich nur eine Masse im Schutzanzug über.«

Ein Stück der Kanzel taucht aus dem Wasser auf. Abraham kann nicht viel sehen, zumal es mittlerweile dämmert. Die Kanzel scheint geschlossen, aber der Sitz des Steuermanns steht hoch.

»Sieht aus, als hätte einer versucht, den Schleudersitz zu betätigen«, sagt Abraham. »Muss aber nicht sein. Vielleicht ist der Sitz hochgeklappt beim Aufprall. Im Sozialismus ist es ja so: Wenn, dann sterben beide zusammen. Wäre sonst Fahnenflucht. Arme Teufel.«

Bei allem Zorn und aller Angst vor der sowjetischen Armee, Klaus Abraham tun die Piloten leid.

Dunkelheit legt sich über den Stößensee. Die Bergungsarbeiten werden unterbrochen.

Noch am Abend kommen die drei westalliierten Stadtkommandanten zusammen, um über die Konsequenzen des Vorfalls zu beraten. Das Auftauchen der bewaffneten sowjetischen Soldaten am Stößensee sorgt für Entrüstung. Die Westmächte einigen sich auf eine gemeinsame Protestnote an die sowjetischen Behörden: »Das Erscheinen bewaffneter Soldaten am Absturzort war inakzeptabel. Wir rufen die sowjetischen Militärbehörden auf, dafür zu sorgen, dass sich so etwas nicht wiederholt.« Dann diktieren sie ein Fernschreiben an die Presse: »Die alliierten Kommandanten verurteilen dieses jüngste Beispiel unverantwortlicher und unvorsichtiger Flüge über dicht besiedeltem Gebiet, welches das Leben der Bürger Berlins gefährdet hat. Dieser Vorfall ist der schwerwiegendste in einer Reihe von rücksichtslosen Flügen in den letzten Wochen, die durch die häufigen exzessiven Überschallknalle in der Stadt demonstriert wurden. Die Alliierten haben die sowjetischen Behörden aufgefordert, sofortige Schritte zu unternehmen, um sicherzustellen, dass solche gefährlichen Handlungen künftig nicht mehr vorkommen.«

Die wertvollen Wrackteile bleiben keine Sekunde unbewacht

Doch schon am nächsten Morgen donnern wieder sowjetische Düsenjäger mit Überschallgeschwindigkeit über die Stadt. Der Kalte Krieg macht keine Pause.

Am 7. April ist der rätselhafte Flugzeugabsturz auf den Titelseiten der West-Berliner Presse Thema Nummer eins.

»Sowjetischer Düsenjäger in den Stößensee gestürzt«, titelt das *Spandauer Volksblatt* und fragt: »Flog die Maschine ohne Piloten?«

Der *Tagesspiegel* wagt einen ersten Kommentar und spricht von »glücklichen Umständen«, die »ein in der dicht besiedelten Stadt naheliegendes Unglück weitaus größeren Umfanges gerade noch verhindert haben«. Früher oder später habe mit so einem Ereignis mit hoher Wahrscheinlichkeit gerechnet werden müssen:

»Die unter sowjetischer Verantwortung stattfindenden Luftmanöver über Berlin haben in jüngster Zeit wieder ein Maß erreicht, das ein ständiges Sicherheitsrisiko für die Bewohner Berlins darstellt. Dass die bei militärischen Übungen unter Ernstfall-Bedingungen gegebenen Gefahren von den Sowjets in Kauf genommen wer-

Sowjetischer Düsenjäger in den Stößensee gestürzt

Berlin (SpV)

Ein Düsenflugzeug sowjetischer Bauart ist gestern nachmittag über West-Berlin in den Stößensee abgestürzt. Die Maschine, an der Taucher der Feuerwehr einwandfrei sowjetische Hoheitszeichen erkannt haben wollen, konnte bis gestern abend nicht mehr geborgen werden. Froschmänner der Berliner Feuerwehr stellten fest, daß die geschlossene Kabine des Wracks nicht mit einem Piloten besetzt war. Rätselraten herrscht darüber, ob der Pilot vorher, womöglich über ostdeutschem Gebiet, abspringen konnte, oder ob es sich um eine ferngesteuerte Maschine handelte.

Wie Augenzeugen berichteten, scherte die Maschine aus einem Verband von drei Flugzeugen plötzlich aus, verlor an Höhe und trudelte ab. Dann schlug sie senkrecht auf das Wasser auf und versank im Schlick. Nur etwa 30 bis 40 Zentimeter des Leitwerks ragten aus dem Wasser.

Nachdem britische Pioniere mit Unterstützung der Berliner Feuerwehr und Polizei eine umfangreiche Bergungsaktion eingeleitet hatten, erschienen am Abend sowjetische Offiziere und Soldaten. Sie verlangten, die Bergung selbst vorzunehmen und das Gebiet um den Stößensee hermetisch abzuriegeln. Dies wurde ihnen von britischen Offizieren verweigert. Die Sowjets durften ihre Fahrzeuge — mit Ausnahme der Offiziere — nicht verlassen. Gegen 20.45 Uhr zogen die Sowjets wieder ab.

In den Abendstunden gelang es einem Bergungsprahm, das Flugzeugwrack etwas zu heben. Mit Einbruch der Nacht wurde die Bergung jedoch eingestellt. Sie soll heute fortgesetzt werden. Man hofft, das Düsenflugzeug mit Hilfe eines britischen Bergungspanzers an Land ziehen zu können.

Während der ersten Bergungsversuche herrschte im Stößenseegebiet Explosionsgefahr. Ausströmender Düsentreibstoff bedeckte das Wasser und verdunstete. Der Gestank des Kerosintreibstoffes war zeitweise unerträglich. Das Rauchen mußte eingestellt werden. Für Feuerwehr und Polizei sowie für DRK und THW herrschte höchste Einsatzstufe, da zunächst unklar war, ob es sich um eine Militär- oder Passagiermaschine handelte.

■ Bürgermeister Albertz erklärte gestern abend zu dem Zwischenfall, es sei hohe Zeit, daß die Uebungsflüge sowjetischer oder sowjetzonaler Düsenflugzeuge über Berlin eingestellt würden.

Die drei Westalliierten legten ebenfalls sofort schärfsten Protest ein. Dieses letzte Beispiel unverantwortlicher und sorgloser Flüge über dichtbesiedeltem Gebiet zeige, wie sehr das Leben der Bürger West-Berlins bedroht sei. Die Alliierten forderten von den Sowjets, daß künftig derartige Flüge, wie sie sich auch in den Schallmauerdurchbrüchen der letzten Zeit gezeigt hätten, ab sofort und für alle Zukunft unterbleiben sollten.

Noch während der Bergungsarbeiten kam es zu neuen Schallmauerdurchbrüchen östlicher Maschinen über Westberliner Gebiet. (Lesen Sie bitte auch unseren ausführlichen Bericht auf den Seiten 9 und 10.)

Feuerwehrleute über der Absturzstelle; vorn ist der aus dem Wasser ragende Teil des Flugzeugwracks sichtbar. (Bild: Franke/Spandauer Volksblatt)

Gegen Abend hatten Bergungsmannschaften das Wrack bereits beträchtlich angehoben. (Bild: Jurisch)

Bonn steht zur NATO

Kabinett steckte die künftige Marschroute ab

Bonn (dpa/AP)

Die Bundesregierung hat sich gestern zum integrierten atlantischen Verteidigungssystem der NATO bekannt. Sie beantwortete damit zum erstenmal öffentlich die Ankündigung des französischen Staatspräsidenten Charles de Gaulle, daß sein Land bis zum 1. Juli aus der NATO-Integration austreten werde.

In einer 5-Punkte-Erklärung fordert die Bundesregierung, daß die französischen Truppen in Deutschland auch nach dem 1. Juli „Bestandteil der gemeinsamen Verteidigung sein müssen". Die französische Regierung hat in ihrem letzten Memorandum zur NATO-Reform dagegen angekündigt,

Noch voller Mutmaßungen: Das *Spandauer Volksblatt* am Tag nach dem Absturz

den, während überall sonst Manöver dieser Art über eng besiedelten Wohngebieten der Großstädte ausgeschlossen sind, ist die eigentliche Provokation gegen West-Berlin – nicht nur die demonstrative Rücksichtslosigkeit, mit der ständig Schallmauer-Durchbrüche über der Stadt exerziert werden. Rein formal machen sich die Sowjets zunutze, dass die Regeln der Interalliierten Luftsicherheitszentrale in der Kontrollzone Berlin nur bis zu Höhen von 3.000 Metern gelten. Die alliierten Kommandanten haben sich diesmal dadurch jedoch nicht abhalten lassen, aus dem gegebenen Anlass gegen die unverantwortlichen Flüge über dem Berliner Stadtgebiet zu protestieren, die eine Verletzung allgemeiner Sicherheitsregeln bedeuten.«

Klaus Abraham sitzt mit seiner Frau Renate am Küchentisch. Er hat die Nacht wie üblich auf der Feuerwache verbracht und freut sich, nach der 24-Stunden-Schicht zu Hause einen Bohnenkaffee zu trinken. Auf dem Schoß sitzt sein Sohn und greift vergnügt nach der Tasse, die sein Vater auf dem Tisch abgestellt hat.

»Ich habe gestern im Radio gehört, was los war«, sagt Renate Abraham. »Ich habe mir schon gedacht, dass du dort warst. Wer weiß, was da noch alles vom Himmel fällt und was die für komische Raketen dabeihaben. Hatten die gestern Raketen?«

»Hab keine gesehen.«

»Beängstigend ist das schon. War ein komischer Tag gestern, Klaus. Kurz nachdem dieses Flugzeug abgestürzt ist, ist am Mehringdamm eine Wohnung explodiert.«

»Hab ich gehört. War wohl Gas. Warte mal, ich muss dir was Tolles zeigen.«

Klaus Abraham steht auf und geht zu seiner Tasche im Flur. Dann präsentiert er seiner Frau das Stück Blech aus dem Stößensee.

»Was du immer anschleppst.«

»Guck doch mal, das ist von dem Wrack. Das lag da so am Grund, da konnte ich nicht anders. Guck mal hier, die glatte Seite, das war die Außenwand. Durch den Druck muss sich das nach außen gebogen haben.«

»Und was ist das auf der anderen Seite?«

»Na, das ist die Innenseite.«

»Aber das ist ja irgendwie so grüngrau. Kleber oder so was. Na, hoffentlich haben dir die scharfen Kanten nicht die Tasche kaputt gemacht.«

Am Stößensee gehen die Bergungsversuche am Morgen nach dem Unglück weiter. Die Briten haben weiteres schweres Gerät herangeschafft und eine Pontonbrücke weit in den See hineingelegt. Kran »Herkules« leistet ganze Arbeit. Zentimeter für Zentimeter hebt sich das schwere Wrack aus dem Wasser.

Um kurz vor zehn tritt der stellvertretende britische Stadtkommandant Peter Hayman vor die wartenden Journalisten und stellt noch einmal klar: »Diese Bergung ist unser Job. Das Unglück hat sich im britischen Sektor ereignet. Wir sind zuständig.« Die Zusammenarbeit mit den Bergungsfirmen und der Berliner Polizei funktioniere gut. Die sowjetische Armee werde deshalb nicht an den Arbeiten beteiligt. Gegen Mittag treffen britische Marinetaucher und technische Sachverständige aus England am Stößensee ein. Sie sind früh am Morgen aufgebrochen und eingeflogen worden.

Auch die Sowjets sind wieder da, erneut zwanzig Mann, darunter hochrangige Offiziere. Diesmal sind sie unbewaffnet. Als sie zum Ufer hinunterfahren wollen, halten britische Soldaten sie auf und weisen ihnen erneut einen gesonderten Platz zu. Er liegt oberhalb des Sees und ist mit Seilen abgetrennt. Von dort beobachten sie mit Ferngläsern das Geschehen. Viel sehen können sie allerdings nicht, denn Bäume behindern die Sicht. Jetzt legen die Sowjets Protest ein. Sie bestellen den Verbindungsoffizier der Briten in die Zentrale der sowjetischen Militärverwaltung nach Wünsdorf, wo ihm der stellvertretende Kommandeur eine Protestnote überreicht. Darin fordern die Sowjets, die Bergung des Wracks selbst zu übernehmen, andernfalls seien sie gezwungen, »entsprechende Maßnahmen« zu ergreifen. Die Briten geben nicht nach. Die US-Armee verstärkt vorsichtshalber ihre Präsenz an allen Grenzübergängen ihres Sektors zu sowjetisch kontrolliertem Gebiet. Auf keinen Fall sollen sowjetische Soldaten unkontrolliert nach West-Berlin gelangen.

Auf dem Wasser tut sich wenig. Eine Tragfläche mit rotem Sowjetstern erscheint. Das Cockpit und die zweite Tragfläche sind offenbar abgeknickt. Um welchen Flugzeugtyp es sich handelt, ist immer noch unklar; selbstverständlich schweigen die Sowjets zu Details. An der Unglücksstelle schützen die Briten die sowjetischen Soldaten inzwischen vor dem Zorn von West-Berlinern. Reporter versuchen, an die sowjetischen Soldaten heranzukommen und ihnen Fragen zu stellen. Als ein Fotograf einen der Rotarmisten beim Pinkeln im Wald fotografieren will, greift die britische Militärpolizei ein.

Die Deutsche Presseagentur dpa meldet: »Der Sowjetzonenrundfunk hat seinen Hörern in den Nachrichten den Absturz verschwiegen. In West-Berlin wird vermutet, daß wegen der sowjetischen Herkunft des Unglücksflugzeuges in Ost-Berlin zunächst sämtliche Nachrichten über den Absturz zurückgehalten werden, bis von sowjetischer Seite eine Darstellung des Zwischenfalls gegeben wird.«

Das *Neue Deutschland*, das Zentralorgan der SED, hat am Tag nach dem Unglück lediglich eine Kurzmeldung der staatlichen Nachrichtenagentur der DDR, ADN, gedruckt: »Eine sowjetische Militärmaschine, die am Mittwochnachmittag von einem Flugplatz in der Umgebung von Berlin startete und sich in 4.000 Meter Höhe im Überflug zu einem anderen Flugplatz befand, stürzte aus bisher ungeklärten technischen Ursachen in ein Westberliner Gewässer ab. Wie bekannt wurde, entstand kein Sach- und Personenschaden.«

Die offizielle Sicht der Staats- und Parteiführung der Sowjetunion auf den Absturz erreicht den Rest der Welt am Nachmittag des 7. April in Form einer Meldung der zentralen Nachrichtenagentur der UdSSR, TASS. Sie trägt die Überschrift: »Sowjetische Piloten gaben ihr Leben, um andere zu retten«. Das Bundespresseamt verteilt sie in einer ungelenken Übersetzung an die deutschen Behörden:

»Gestern Nachmittag flogen zwei Maschinen der sowjetischen Heeresgruppe in Deutschland von einem Flugplatz nach einem anderen. Auf halbem Wege, in einer Höhe von 4.000 Metern, stellte einer der Piloten plötzlich Schwierigkeiten an seiner Maschine fest, und sie geriet ihm aus der Kontrolle. Ein Versuch, den Kurs zu ändern und umzukehren, misslang. Die Maschine begann, abzustürzen. Was war zu tun? Sich selbst hinauskatapultieren? Aber voraus lag ein dichtbevölkerter Teil der Stadt, und Menschenverluste wären unvermeidlich gewesen …

Es folgte ein kurzer Dialog mit dem Co-Piloten (er wurde vom Beobachtungsdienst aufgezeichnet), und man beschloss, in der Maschine zu verbleiben und diese aus der Richtung zu bringen. Gemeinsam gelang dies auch. Das Flugzeug stürzte in Westberlin in die Havel. Die sowjetischen Luftwaffenangehörigen opferten ihr Leben, um dasjenige anderer zu bewahren. Es handelte sich um den Piloten Kapitän Boris Kapustin und den Navigator Seniorleutnant Yuri Yanow.

Bemerkenswert ist das befremdende Verhalten der westlichen Be-

BPA-Pressefunk Ost/West Letzte Meldung

"Sowjetische Piloten gaben ihr Leben, um andere zu retten"

Berlin, 7.4.1966 (TASS, englisch):

Gestern nachmittag flogen zwei Maschinen der sowjetischen Heeresgruppe in Deutschland von einem Flugplatz nach einem anderen. Auf halbem Wege, in einer Höhe von 4000 Metern, stellte einer der Piloten plötzlich Schwierigkeiten an seiner Maschine fest, und sie geriet ihm aus der Kontrolle. Ein Versuch, den Kurs zu ändern und umzukehren, misslang. Die Maschine begann, abzustürzen. Was war zu tun? Sich selbst hinauskatapultieren? Aber voraus lag ein dichtbevölkerter Teil der Stadt, und Menschenverluste wären unvermeidlich gewesen ...

Es folgte ein kurzer Dialog mit dem Ko-Piloten (er wurde vom Beobachtungsdienst aufgezeichnet), und man beschloss, in der Maschine zu verbleiben und diese aus der Richtung zu bringen. Gemeinsam gelang dies auch. Das Flugzeug stürzte in Westberlin in die Havel. Die sowjetischen Luftwaffenangehörigen opferten ihr Leben, um dasjenige anderer zu bewahren. Es handelte sich um den Piloten Kapitän Boris Kapustin und den Navigator Seniorleutnant Yuri Yanow.

Bemerkenswert ist das befremdende Verhalten der westlichen Besatzungsbehörden Westberlins, die nicht gestatteten, dass Vertreter der sowjetischen Streitkräfte sich zum Ort des Absturzes begaben, um den toten Soldaten die letzte Ehre zu erweisen.* -hm.

(Hinweis: Obige Meldung wurde bislang nur über TASS/Englisch verbreitet, - hm.)

Die offizielle Version Moskaus: Meldung der staatlichen sowjetischen Nachrichtenagentur TASS

satzungsbehörden Westberlins, die nicht gestatteten, dass Vertreter der sowjetischen Streitkräfte sich zum Ort des Absturzes begaben, um den toten Soldaten die letzte Ehre zu erweisen.«

Im britischen Hauptquartier in West-Berlin liest man die TASS-Meldung mit leichtem Amüsement. Das meiste sei erfunden, notiert der britische Stadtkommandant Sir Eustace John Blois Nelson in einem geheimen Bericht an die britische Regierung.

Dass zwei sowjetische Piloten im Stößensee ums Leben gekommen sind, bestätigt sich nun auch vor Ort. Gegen 17 Uhr ist das Wrack endlich fast vollständig aus dem Wasser gezogen. Die Triebwerke stecken immer noch tief im Schlamm. Die Briten legen den zerborstenen Rumpf auf den Ponton und sorgen dafür, dass die Offiziere der Roten Armee von ihrem abgetrennten Platz zwischen den Bäumen nicht viel sehen können, während ihre eigenen Experten beginnen, die Trümmerteile zu inspizieren. Vorsichtig schneiden die Bergungskräfte nun auch die sterblichen Überreste der Piloten aus dem Wrack heraus. Eine schwierige Angelegenheit, denn die Körper sind aufgrund der Wucht des Aufpralls völlig zerschmettert. Die sowjetischen Soldaten haben mittlerweile einen Wagen mit starken Scheinwerfern geholt und tauchen die Bergungsarbeiten in gleißendes Licht. Es dauert bis kurz nach halb zehn, bis die beiden Toten geborgen sind. Ein Polizeiboot bringt sie an Land.

Noch in der Nacht werden den Sowjets die Leichname übergeben. Dazu darf eine kleine Abordnung der sowjetischen Ehrenwache aus dem Tiergarten gemeinsam mit sowjetischen Soldaten in Paradeuniform den abgesperrten Uferbereich betreten. Die Soldaten der Besatzungsmächte stehen gemeinsam stramm, ihr Atem dampft in der kalten Aprilnacht. Eine Dudelsacktruppe begleitet die Särge der beiden toten Piloten mit dem klagenden Gesang ihrer Sackpfeifen durch das Spalier aus Soldaten der Alliierten, die angetreten sind, Boris Kapustin und Juri Janow die letzte militärische Ehre zu erweisen. Mit einer Fahrzeugkolonne aus fünf Pkw, drei Bussen und zwei Lkw fahren die Sowjets die Leichname durch West-Berlin zum Checkpoint Charlie, eskortiert von britischer Militärpolizei. Kurz nach halb vier überqueren die Wagen die Sektorengrenze und sind im Ostteil der Stadt.

Während in den folgenden Tagen die Bergungsarbeiten weitergehen, britische Taucher das Wrack ausschlachten und sich die Berliner ins Osterwochenende begeben, versucht die Presse in Ost-Berlin, die Deutungshoheit über das Geschehen zu gewinnen. Moskau hat mit der TASS-Meldung die Linie vorgegeben: Die Piloten haben ihr Leben gegeben, um Zivilisten zu retten. Am Ostersamstag spinnt das *Neue Deutschland* den Faden weiter, schmückt aus, was in den letzten Sekunden in den Köpfen der Männer vorgegangen sein mag:

»In dieser Situation konnte es für die beiden sowjetischen Flieger, denen die Freundschaft von Kommunisten, die grenzenlose Treue zur Kameradschaft, ihre heilige Soldatenpflicht, zusätzliche Willenskraft und Stärke verlieh, nur einen Entschluß geben – die Maschine dort zu landen zu versuchen, wo keine Gefahr für Menschenleben bestand. Seitwärts voraus tauchte eine blaue Wasserfläche auf. Die Piloten wußten, was ihnen bevorstand, als sie auf das Wasser zuhielten. Aber sie schreckte keine Todesgefahr, sie waren erfüllt von dem einen Gedanken, bis zum Fluß zu gelangen, um – sei es auf Kosten des eigenen Lebens – Menschen vor dem Tode zu bewahren, die die über ihnen schwebende Gefahr nicht einmal ahnten.«

Natürlich ist das Ereignis dem *Neuen Deutschland* nun auch einen Kommentar wert. Der Titel: »Entscheidung für das Leben«:

»Wenige Tage erst sind vergangen, seit die Menschheit bewegt die Botschaft von Luna 10 vernahm – die Klänge der ›Internationale‹. Eine andere Botschaft liegt uns nun vor. Auch sie entstanden zwischen Himmel und Erde, auch sie bestimmt vom Geist des Internationalismus, auch sie tief erregend. Denn die, die sie hinterließen, kehrten lebend nicht mehr zurück. Hauptmann Kapustin und Oberleutnant Janow hatten nur wenige Sekunden, um sich über die Entscheidung zu verständigen, als ihr Flugzeug versagte: Das eigene Leben opfern, um ein größeres Unglück in einem Westberliner Wohnbezirk zu verhindern.

Es war nicht die Entscheidung eines einzelnen, sondern zweier Menschen. Es war eine Entscheidung ohne Gegenstimmen. Es sagt sich leicht, daß sie selbstverständlich war. Sie wurde getroffen im Geiste des Humanismus, in dem der Sowjetsoldat erzogen ist. Sie fiel ohne Zaudern in Erfüllung der Aufgabe, die ihm gestellt ist: den Frieden zu schützen. Sie vollendete heldenhaft und tragisch das Leben zweier junger Menschen, die wir als Brüder lieben und vor denen als Vorbilder sozialistischen Opfergeistes wir uns in Ehrfurcht verneigen.

Aber während Trauer und Bewunderung noch jeden anständigen Menschen bewegen, zwingt uns die Westpresse zu nüchterneren Feststellungen zurück. So besonders seine Umstände, so ist dieses Flugzeugunglück doch auch eines von vielen, die täglich überall passieren, was man gerade in Westdeutschland wissen sollte. Was eine Heldentat für das Leben war, wird in einen Angriff umgefälscht und eine schwere antisowjetische Haßwelle ergießt sich über das westdeutsche Zeitungs- und Fernsehpublikum. Die Springerpresse, der eine bürgerliche Pariser Zeitung bestätigt, daß sie ›Schlagzeilen des kalten Krieges baut, gleich aus welchem Anlaß, gleich in welchem Augenblick‹, verfehlt kaum ihre Genugtuung über den Unfall. Sie läßt erkennen, daß es ihr nur recht wäre, hätte es mehr Opfer gegeben.

Diese Gesinnung richtet sich selbst. Hat sie auch keine Grenze in ihrer Niedrigkeit, so findet sie sie doch in ihrer Ausdehnung. ›Wir steigen trotz Haß und Hohn‹, heißt es im Lied der Roten Luftflotte. Schon werden die Namen Kapustins und Janows auch in Westberlin mit Hochachtung genannt. Sie verschmelzen mit dem Bild einer Armee des Volkes, ergeben ihren Idealen und unbeirrbar in ihrem Auftrag.«

Es stimmt, dass die Namen Kapustin und Janow auch in West-Berlin »mit Hochachtung genannt« werden; allerdings nur von der Zeitung *Die Wahrheit*, benannt nach dem Zentralorgan der Kommunistischen Partei der Sowjetunion *Prawda*. *Die Wahrheit* ist die Zeitung der Sozialistischen Einheitspartei Westberlins, dem Westableger der SED. »Dank für den Opfermut der beiden Piloten«, überschreibt sie ihren Artikel, in dem der Erste Vorsitzende der Deutsch-Sowjetischen Freundschaftsgesellschaft Westberlin den Angehörigen der »tapferen Flieger« sein »tiefempfundenes Beileid« ausspricht. Die Redaktion der *Wahrheit* ergänzt: »In Anrufen an unsere Redaktion bekundeten gestern zahlreiche Mitbürger ebenfalls ihre große Achtung vor der heldenhaften Opfertat der beiden sowjetischen Flieger.« Das wiederum greift das *Neue Deutschland* auf: »Im Gegensatz zu Westberliner Rundfunkstationen und Boulevardblättern, die den tragischen Unfall zu einer neuerlichen Antisowjethetze mißbrauchen, sprechen die Westberliner erschüttert und voller Achtung von der Opfertat der sowjetischen Flieger. Viele Bürger wandten sich an die Westberliner Zeitung ›Die Wahrheit‹ und brachten ihren Dank für das heldenmütige Verhalten der Soldaten zum Ausdruck.«

Auch die West-Berliner Presse holt am Ostersamstag zu ausführlichen Kommentaren aus. Sie klingen erwartungsgemäß anders. Die *Berliner Morgenpost*, damals ein Stadtblatt des Axel Springer Verlages, schreibt unter der Überschrift »Hämischer geht es nicht«:

»Die gestrige Bemerkung der sowjetischen Nachrichtenagentur TASS, die beiden Piloten des sowjetischen Düsenjägers, der im Stößensee zerschellte, hätten ihr Leben geopfert, um den Sturz ihrer Maschine in ein dichtbesiedeltes Westberliner Wohngebiet zu verhindern, klingt auf den ersten Blick sehr schön. Man könnte über dieses Opfer der Piloten, sofern es tatsächlich gebracht wurde, bewegt sein, wenn man hinter der Nachricht von TASS nicht eine Verlogenheit spürte, die selbst in der kommunistischen Informationspraxis ihresgleichen sucht.

TASS spricht vom Opfergang der beiden Piloten, doch es verschweigt, wer für dieses Opfer verantwortlich zeichnet. Wenn es keinen sowjetischen Befehl gäbe, über Berlin einen menschenfeindlichen Lärmterror zu entfalten, dann gäbe es auch keine ständige Bedrohung der Sicherheit der Berliner Bevölkerung, dann gäbe es auch keine Menschenopfer, die zumindest angeblich für die Sicherheit von unschuldigen Menschen zu bringen wären. An dem Drama über dem Stößensee sind allein die Sowjets schuld, die, entgegen dem Gebaren in allen zivilisierten Ländern, spektakuläre Luftmanöver über dichtbesiedeltem Gebiet anordnen.

Wie zynisch Moskau verfährt, geht schon daraus hervor, daß gestern, während noch nach den Leichen der Sowjetpiloten gesucht wurde, der Lärmterror gegen die Berliner Bevölkerung mit unverminderter Heftigkeit fortgesetzt wurde. Die tosende Durchbrechung der Schallmauer wird also auch in Zukunft nicht nur Gesundheit und Leben der Berliner, sondern auch das Leben sowjetischer Piloten bedrohen. Hämischer kann Menschenverachtung nicht sein.

Es war wohltuend, daß sich die amerikanische Schutzmacht diesmal nicht nur mit dem üblichen geharnischten Protest begnügte, sondern Kommandos an die Sektorenübergänge beorderte, die darüber wachten, daß keine bewaffneten Sowjets nach West-Berlin kamen. Diese Kontrollen unterstreichen nicht nur wirkungsvoll die Verantwortung der USA für Berlin, sie verhinderten wahrscheinlich auch eine Massenwallfahrt der Sowjets zum Stößensee, wo die Briten recht energisch die Neugierde der herbeigeeilten sowjetischen Offiziere bei der Bergung des Jägerwracks in Schranken hielten.

Nun wird sicher mancher empörte Westberliner fragen, warum man eigentlich den Sowjets den Zutritt zu Stadtteilen gestattet, die sie systematisch schikanieren. In der Tat haben die Sowjets eine gewisse Fertigkeit darin entwickelt, von dem Viermächte-Status Berlins Scheibchen um Scheibchen abzuschneiden, gleichzeitig aber von ihm Gebrauch zu machen, wenn es Nutzen verspricht. Gleichwohl ist und bleibt der Viermächte-Status, so zerschunden und mißbraucht er sein mag, die politische und rechtliche Formulierung unseres Protestes gegen die Spaltung unserer Stadt.

Verwehrten wir den Sowjets den Zutritt nach West-Berlin, dann nährten wir das Geschwätz vom Dreimächte-Status – dann täten wir genau das, was die Sowjets wollen: Den Status quo zu zementieren.

So lange die Westalliierten nach Ost-Berlin dürfen, kann es also nicht darum gehen, die Sowjets von West-Berlin fernzuhalten. Was wir tun können, liegt auf einer anderen Ebene. Vielleicht könnten wir unsere westlichen Verbündeten dazu überreden, nicht nur auf der örtlichen Basis, sondern in hohen und höchsten diplomatischen Regionen gegen den Düsenterror über Berlin zu protestieren. Warum auch sollte es den Berliner Schutzmächten nicht gelingen, eine Menschenrechtskommission der UN an die Spree zu bringen, die an Ort und Stelle konstatieren könnte, wer hier Menschenwürde und Menschenrecht mit Füßen tritt?«

Die Kommentatoren in Ost-Berlin sehen sich durch solche Artikel nur bestätigt. So schreibt der Kommentator des DDR-Deutschlandsenders: »Ich verzichte darauf, zu betonen, daß es ganz im Gegensatz zu den Westmächten unser gutes Recht ist, auch über Westberlin zu fliegen. Ich will nicht darüber sprechen, daß diese Flüge ja wohl in einer ganz bestimmten Frontstadt-Politik ihre Ursache haben.«

Die im Osten der Stadt erscheinende *Berliner Zeitung* veröffentlicht am 13. April einen Kommentar unter der Überschrift »Ein bewegendes Beispiel selbstlosen Heldentums«: »Die Springer-Gazetten können kläffen, wie sie wollen, sie werden das Andenken an zwei sowjetische Soldaten, die ihr Leben für andere hingaben, nicht besudeln.« Große Glaubwürdigkeit genießen die Zeitungen der DDR bei ihrer Leserschaft nicht. Westzeitungen sind in der DDR verboten, die Bevölkerung holt sich ihre Informationen vom RIAS und dem SFB.

In West-Berlin hält sich das Thema noch mehrere Wochen in den Zeitungen. Über Ostern ist durchgesickert, dass die hochmoderne Jak-28P mit taktischen Atomwaffen ausgestattet werden kann. Journalisten schreiben nebulös von »möglicherweise streng geheimen elektronischen Anlagen.« Gerüchte kursieren, die Briten hätten Teile des Wracks ausgebaut. Das erkläre, warum die Sowjetsoldaten noch immer in dem ihnen zugewiesenen Waldstück oberhalb des Sees ausharren. Sie haben am Ostermontag sogar einen Wagen mit Pritschen zum Schlafen dort hingebracht, ihn nach Protesten der Briten aber wieder weggefahren. Die Machtprobe geht weiter.

Genau eine Woche nach dem Absturz übergeben die Briten den größten Teil des Wracks an die Sowjets. Genauso wie Diplomaten und Kommentatoren um die Deutungshoheit in Bezug auf den Absturz ringen, feilschen die Militärs bei der Übergabe um jeden Meter auf dem Wasser. Der Tag ist warm, das Wetter wechselhaft. Eine britische Fähre mit dem sowjetischen Wrack setzt sich in Richtung Potsdam in Bewegung. Gegen 14:45 Uhr stoppt sie und ankert hundert Meter vor der Demarkationslinie in der Havel. Fünfzig Meter hinter der Grenze wartet die sowjetische Fähre, um das Wrack in Empfang zu nehmen.

Die Briten lehnen es ab, die Trümmer direkt auf der Grenze zu übergeben. So liegen die beiden Schiffe etwa eineinhalb Stunden im Abstand von hundertfünfzig Metern vor Anker, beobachtet von zwei Booten der West-Berliner Polizei, einem Wachboot der Grenztruppen der DDR, einem US-Patrouillenboot und sowjetischen Militärs an Land. Plötzlich setzt sich die britische Fähre in Bewegung, ebenso die sowjetische. Nahe der Grenze stoppen die Briten erneut, die Sowjets hingegen fahren ein paar Meter in den britischen Sektor hinein. Nun beginnen sowjetische Offiziere, die Wrackteile zu inspizieren, fotografieren jedes einzelne Teil. Von Weitem sieht es so aus, als würden sie eine Liste führen. Erst dann werden die Reste der Jak umgeladen. Als die heikle Schrottübergabe um 21 Uhr beendet ist, ist es längst dunkel.

Übergabe auf der Havel

Sowjets übernahmen Wrackteile genau auf der Demarkationslinie

Auf der Havel bei Brüningslinden übergaben gestern die Briten die bisher geborgenen Teile des am vergangenen Mittwoch in den Stößensee gestürzten Düsenflugzeuges an die Sowjets. Die Übergabe vollzog sich genau auf der Grenzlinie. Die Briten brachten die Wrackteile auf einer Panzerfähre an die Übergabestelle, wo sie auf eine Pontonfähre der Sowjets umgeladen wurden.

Der Übergabe war ein reger Verkehr von Motorbooten zwischen den beiden Fähren vorausgegangen. Britische Offiziere verhandelten auf dem sowjetischen Fahrzeug, während sowjetische Offiziere auf der britischen Fähre verhandelten. Die Panzerfähre der Briten war gegen 14.50 Uhr mit den Wrackteilen an Bord an der Austauschstelle eingetroffen. Bald darauf fuhr auch das sowjetische Fahrzeug an die Grenzlinie heran.

Nachdem die beiden Fahrzeuge zunächst für etwa 80 Minuten in einem Abstand von rund 150 Metern gelegen hatten, wurden, wie verlautet, Gespräche über den endgültigen Übergabeort geführt. Die Engländer hatten zunächst einen Platz etwa 100 Meter innerhalb des britischen Sektors vorgesehen, während die Sowjets die Übergabe auf der Grenzlinie wünschten.

Auf der Westberliner Seite der Grenze lagen zwei Polizeiboote, die die britische Fähre bereits zum Austauschort begleitet hatten. Jenseits der Zonengrenze, nur wenige Meter abseits, beobachteten Offiziere der DDR-Grenzbrigade von einem Wachboot aus die Vorgänge. Am Ufer der Westberliner Pfaueninsel nur rund 250 Meter entfernt lag halb im Gebüsch versteckt ein amerikanisches Patrouillenboot.

■ Der Typ der abgestürzten sowjetischen Maschine wurde inzwischen „mit an Sicherheit grenzender Wahrscheinlichkeit“ als eine Yak 28 identifiziert. Die Bergungsarbeiten konzentrierten sich wie schon in den letzten Tagen auf die Triebwerke der sowjetischen Maschine. Wie verlautet, ist bisher erst von einem der beiden Triebwerke ein kleiner Teil geborgen worden. Die Sowjets, die die gesamten Arbeiten an der Absturzstelle im Stößensee bisher intensiv beobachtet und zum Teil gefilmt hatten, zogen ihre Offiziere gestern von der Absturzstelle ab.

Unser Franke-Bild zeigt sowjetische Pioniere, die an der britischen Fähre anlegen und an Bord gehen.

Feilschen um jeden Meter Wasser: *Spandauer Volksblatt,* 14.4.1966

In den Folgetagen ziehen sich die Bergungsarbeiten der Wrackreste auf dem Stößensee hin. Mit Absicht, mutmaßen viele, denn die Bergung geht unter strenger Geheimhaltung weiter. Für die Zeitungen ist das ein gefundenes Fressen. Sie veröffentlichen immer neue Details über angebliche Funde. Mal heißt es, die Briten hätten einen geheimen Schaltplan entdeckt, der zu zwei Dritteln erhalten gewesen sei, und ihn kopiert. Dann wieder ist davon die Rede, sie hätten Teile der Elektronik nach Großbritannien gebracht. Eine weitere Meldung lautet, die Briten hätten ein Triebwerk geborgen, es auf dem Ponton mit Planen abgedeckt und heimlich nach England geflogen, um es dort zu untersuchen. Ein Militärfahrzeug habe das Triebwerk dann an den Fundort zurückgebracht und erneut im Stößensee versenkt, ohne dass die Sowjets es mitbekamen. Das Triebwerk wiege zwanzig Zentner, dementiert ein Sprecher der Briten, »und die Sowjets sind ja auch nicht dumm. Wir hatten keine Möglichkeit, das Triebwerk in ein Briefkuvert zu stecken und es über den Kanal zu schicken. Außerdem hätte es Mühe bereitet, es dann wieder in den Stößensee zu werfen, um es erneut rauszuholen.«

Der britische Stadtkommandant Nelson ist zufrieden. »Die Notwendigkeit, an den ersten Tagen auf deutsche Hilfe zurückgreifen zu müssen, hat es unvermeidbar gemacht, dass einige Informationen, die wir lieber für uns behalten hätten, doch in der Presse aufgetaucht sind. Soweit ich weiß, und nach gründlicher Auswertung der West-Berliner Presse während dieser Zeit, ist nichts Wichtiges veröffentlicht worden«, schreibt er an die britische Regierung. »Unser promptes Handeln am ersten Tag, unsere Forderung, die Wache des Ehrenmals am Tiergarten vom Stößensee abzuziehen, wurde von der deutschen Öffentlichkeit zur Kenntnis genommen und begrüßt. Insgesamt haben wir gute Presse bekommen. Hängen blieb, dass die Russen gezeigt bekamen, wer in West-Berlin die Chefs sind.« Und weiter: »Es gibt eigentlich keine politische Lehre aus der Geschichte, außer der, dass die Sowjets, was zu erwarten war, bisher nicht bereit waren, eine Berlinkrise zu riskieren, indem sie versuchen, uns irgendwie an der geheimdienstlichen Ausschlachtung des Flugzeugs zu hindern.«

Die Regierung West-Berlins ist, wie immer bei Zusammenstößen zwischen den Siegermächten, mehr oder weniger zum Zusehen verdammt. Ihr Gestaltungsspielraum beschränkt sich auf symbolische Handlungen und Reden. Der seit fast neun Jahren Regierende Bürgermeister und spätere Außenminister und Bundeskanzler Willy Brandt ist ein Meister der Diplomatie zwischen den Blöcken. Berlin ist nur ein Spielball im Weltkonflikt. Brandts Ziel ist es, das Leben der Berliner Bevölkerung in Ost und West zu erleichtern und zu schützen. Die Bevölkerung nimmt an seinen Bemühungen regen Anteil.

Am 12. April 1966 hat die Senatskanzlei ein Brief aus Berlin Lankwitz erreicht, geschrieben zwei Tage nach dem Absturz:

»Sehr geehrter Herr Bürgermeister!

Hauptmann Boris Kapustin und Oberleutnant Juri Janow, die beiden Insassen des in den Stößensee gestürzten sowjetischen Flugzeuges, haben mit an Sicherheit grenzender Wahrscheinlichkeit ihr Leben geopfert, um ihre Maschine nicht in Wohnviertel stürzen zu lassen.

Jenseits jeder Polemik über die Flüge sowjetischer Düsenjäger über unserer Stadt ist die Haltung dieser beiden sowjetischen Offiziere als heldenhaft und vorbildlich zu bezeichnen.

Als Bürger Berlins halte ich es für notwendig, daß der Senat dieses Opfer nicht schweigend hinnimmt, sondern in würdiger Form, etwa durch öffentliche Erklärung sowie ein Schreiben an die Hinterbliebenen, seine Hochachtung vor der Nobilität der Toten ausdrückt.

Ich könnte mir vorstellen, daß der überwiegende Teil unserer Mitbürger ähnlich empfindet, trotz allen Widerwillens durch die Belästigung durch die Sowjets.

Mit freundlichen Grüßen!

Peter Insel«

Brandts Mitarbeiter hat das Wort »Nobilität« unterstrichen und handschriftlich auf dem Brief vermerkt: »Vorschlag: In abgeschwächter Form in Schuh-drück-Rede erwähnen«.

Die Schuh-drück-Rede ist eine Institution, eine Art früher Podcast des Regierenden Bürgermeisters, ausgestrahlt vom SFB. *Wo uns der Schuh drückt* heißt die monatliche Sendereihe. Brandt nutzt sie für Botschaften an die Bevölkerung, aber auch immer wieder für Kritik an den Besatzungsmächten. Gut zwei Wochen nach dem Unfall, in der Sendung vom 23. April, erläutert Willy Brandt seine Sicht auf den Absturz der Jak und übernimmt die Darstellung der sowjetischen Nachrichtenagentur TASS, obwohl nicht bewiesen ist, dass Kapustin und Janow das Flugzeug bewusst in den Stößensee lenken konnten:

»Meine lieben Hörerinnen und Hörer!

Vor knapp drei Wochen ist ein zweistrahliges sowjetisches Militärflugzeug in den Stößensee gestürzt. Dabei kamen die beiden Flieger Kapustin und Janow ums Leben. Wir können davon ausgehen, daß die beiden in den entscheidenden Minuten die Gefahr eines Absturzes in dichtbesiedelte Wohngebiete erkannt und deshalb in Absprache mit ihrer Bodenstation die Maschine in den Stößensee gesteuert haben. Dies bedeutete den Verzicht auf die eigene Rettung. Ich sage das in dankbarer Anerkennung des Opfers, durch das eine Katastrophe vermieden wurde. Unabhängig davon, was wir über Flugübungen im Luftraum über unserer Stadt denken, möchte ich, daß die Angehörigen der beiden abgestürzten Offiziere von unserer Anteilnahme erführen.«

Wie so oft paart Brandt sein Entgegenkommen gegenüber der Sowjetunion mit handfester Kritik, in diesem Fall am Verhalten der sowjetischen Soldaten in West-Berlin: »Die Bergungsarbeiten am Stößensee werden ja bekanntlich noch fortgesetzt. Dort halten sich jeweils einige sowjetische Beobachter auf. Die britische Schutzmacht hat dafür gesorgt, daß dieser Vorgang unter Kontrolle blieb und gegen Mißdeutungen abgesichert wurde. Trotzdem ist es verständlich, daß in der Öffentlichkeit über die Problematik des Auftretens sowjetischer Militärpersonen in unserer Stadt diskutiert wurde. Die Bemühungen, den Viermächtestatus ausschließlich für Westberlin zu praktizieren, sind ja nicht neuen Datums. Der Senat hat frühzeitig vor einer solchen Fehlentwicklung gewarnt. Die Alliierten wissen natürlich auch, worum es hier geht.«

Die sowjetische Nachrichtenagentur TASS meldet sogleich: »Willy Brandt ehrt abgestürzte sowjetische Flieger.« Der *Berliner Morgenpost* ist Brandts Rede eine kurze Meldung wert.

Am 2. Mai stellen die Briten die Bergungsarbeiten ein und übergeben den Sowjets die beiden Triebwerke und andere Trümmerreste, diesmal genau auf der Grenze in der Havel. Doch auch diese Übergabe verzögert sich, weil der provisorische sowjetische Fährprahm technische Schwierigkeiten hat und sich mehr als eine Stunde verspätet. Mitte Juni gibt es noch einmal ein kurzes diplomatisches Hin und Her. Der Botschafter der Sowjetunion protestiert in London gegen »das unkorrekte Verhalten der britischen Behörden in Westberlin«. Sie hätten Teile der Jak zurückgehalten und nicht übergeben. Die britische Regierung weist das von sich.

Damit könnte diese Geschichte zu Ende sein. Sie ist es aber nicht. Sie hat sich festgesetzt in der Erinnerung einiger weniger, bewegt heute wieder Gemüter in Ost und West – und das immer noch mit den gleichen unterschiedlichen Sichtweisen wie damals.

3 Die Witwe
Rostow am Don

Während in den Stunden nach dem Absturz der Jak-28P der kleine Stößensee in den Fokus des Kalten Krieges rückt, geht auf dem sowjetischen Luftwaffenstützpunkt in Finow alles seinen gewohnten Gang. Dass ihr Mann abends nicht nach Hause kommt, ist Galina Kapustina gewöhnt. Er wird oft spontan abkommandiert. Was er macht, ist meist geheim. Manchmal erfährt er selbst erst kurz vor dem Start, wohin er fliegt. Und so schöpft Galina Kapustina am Abend des 6. April 1966 keinen Verdacht und auch am Folgetag macht sie sich noch keine Gedanken. Von der Übergabe der Leichname an die sowjetische Militäradministration in der Nacht zum Freitag ahnt sie nichts.

Am Morgen des 8. April kümmert sich Galina Kapustina um den Haushalt. Sohn Waleri ist in der Schule. Es klingelt. Galina Kapustina öffnet die Tür und tritt erst einmal einen Schritt zurück. Denn draußen stehen eine Menge Menschen. Vorneweg der Kommandant, dann der Kommissar für politische Fragen, ihm folgen Freunde der Familie und die Vorsitzende des Frauenrates. Einer nach dem anderen betritt die Wohnung. Galina Kapustina wird schlecht, ihre Knie zittern, ihr Kopf ist schlagartig leer. Er ist tot, ist alles, was sie noch denkt. Sie schaut den Kommandanten an. »Lebt er?« Bevor der antwortet, wird ihr schwarz vor Augen, alles dreht sich und sie sackt ohnmächtig zusammen. »Lasst mich mal, Genossen«, sagt die Vorsitzende des Frauenrates und beginnt, Galina Kapustina zu ohrfeigen. »Galina! Galina!« Die kommt langsam zu sich, sinkt aber gleich wieder zu Boden. »Komm, Galina. Du schaffst das. Wir schaffen das. Denk an deinen Sohn. Wer soll sich um ihn kümmern, wenn du jetzt schlappmachst.«

Kurz darauf sitzt die Witwe zitternd am Tisch. Der Gedanke an den Jungen bringt sie zurück in die Realität. »Komm«, sagt die Funktionärin, »wir gehen zu deinem Sohn.«

Waleri weiß es bereits. Er erfährt es bei einer Rangelei auf dem Schulhof. Ein Junge schreit ihm ins Gesicht, was er zu Hause aufgeschnappt hat: »Dein Vater ist tot!« Geschockt taumelt Waleri zurück. Das darf Mama nicht erfahren, ist sein erster Gedanke. Er fragt seine Lehrerin, ob es stimmt, was die Kinder sagen. Die dreht sich weg und verbirgt ihr Gesicht in den Händen. Seitdem kann Waleri keinen klaren Gedanken mehr fassen. Er fleht die Lehrerin an: »Bitte, sagen Sie den anderen Kindern, dass sie das nicht meiner Mutter erzählen sollen. Niemand soll es ihr sagen.« Doch dann steht Galina Kapustina plötzlich vor ihm, in Tränen aufgelöst, neben ihr die Vorsitzende des Frauenrates. Die stellt sich hinter Waleri und greift seine Schultern. »Schau, Galina!«, sagt sie. »Das ist dein Sohn. Er braucht dich jetzt. Reiß dich zusammen!«

In den nächsten Stunden packen sie ihre Koffer. Sie werden gemeinsam mit dem Leichnam Kapustins zurück nach Rostow am Don fliegen. Die Familie des Co-Piloten, Juri Janow, wird dessen sterbliche Überreste in seine Heimatstadt Wjasma begleiten.

Der Sommer 2018 ist in Rostow am Don so heiß, wie die Sommer im Süden Russlands eben sind. Tagsüber steigen die Temperaturen auf weit über 30 Grad. Die Mücken stechen unablässig. Das Don-Delta ist sumpfig, ein Paradies für Stechfliegen aller Art.

Galina Kapustina wartet vor der Tür des Krankenhauses. »Eine Routineuntersuchung. Ich bleibe nur ein paar Tage. Das Herz.« Sie hat noch einmal geheiratet, ihr Mann liegt nebenan auf einer anderen Station. Die Witwe Boris Kapustins ist 83 Jahre alt und mag Küsschen und Umarmungen. »Schade, dass ich Sie nicht bei mir zu Hause empfangen kann.« Ihre Gesichtszüge sind weich, ihren Blick kann man getrost liebevoll nennen. Mit ihrem strahlenden Lächeln wirkt sie jünger. »Ich wäre lieber auf der Datscha. Dort ist die Hitze erträglicher. Außerdem muss ich dringend Gurken ernten.« Dann hakt sie sich unter, »Kommen Sie schnell hier entlang!«, und lotst den Besuch

Galina Kapustina im Sommer 2018

am Pförtner vorbei zum Fahrstuhl. »Es muss ja nicht jeder wissen, dass wir hier ein Interview machen.«

Galina Kapustina mag auch Selfies. Wir setzen uns auf eine Bank in einer Sitzecke im Vorflur der Kardiologie, sie zupft ihren Morgenrock zurecht und richtet sich das hochgesteckte weiße Haar. Dann rücken wir dicht aneinander und lachen ins Smartphone. Galina Kapustina war Lehrerin, später Schuldirektorin. Nach dem Tod ihres Mannes an jenem 6. April 1966 hat sie ihr Leben der Erinnerung an ihn gewidmet.

»Deutschland ist meine zweite Heimat. Wir haben sechs Jahre dort gelebt. Ich hatte so viele Freunde, auch unter der deutschen Bevölkerung. Zu mir kamen sie, um Russisch zu lernen.« Dann beginnt ein langes Gespräch.

»Was geschah, nachdem Sie die Todesnachricht erhielten?«

»Mir ging es sehr schlecht. Ich hatte ja sofort das Bewusstsein verloren. Oh, mein Gott, ging es mir schlecht. Ich hatte damals Nebel im Kopf. Ich konnte mich sehr schwer konzentrieren, kaum überlegen.

Ich war in einem Zustand – ich kann es gar nicht beschreiben. Ich hatte mit so etwas nicht gerechnet. Es hatte immer wieder Unfälle gegeben. Aber Boris war ein Ass. Ein erstklassiger Flieger. Er flog alle Flugzeugtypen. Er beherrschte sie alle.«

Wie viele sowjetische Flugzeuge nach 1945 in Deutschland abgestürzt sind, ist unklar. Aber sicher waren es Hunderte. Allein bei einem tragischen Massenabsturz von mehr als zehn Iljuschins in der Lausitz am 14. April 1951 starben 26 Rotarmisten. Bis heute sind viele Unterlagen nicht öffentlich zugänglich. Bekannt wurden lediglich Unfälle, die nicht zu verschweigen waren, entweder weil die Bevölkerung etwas davon mitbekommen hatte oder sogar in Mitleidenschaft gezogen worden war, oder weil die Abstürze sich gegenüber dem Westen nicht verheimlichen ließen.

»Mir war nie in den Kopf gekommen, dass Kapustin je so etwas passieren könnte.«

Sie sagt tatsächlich Kapustin.

»Für mich war das ein Schock. Wissen Sie ... In Moskau lief gerade der 23. Kongress der KPdSU, und als Breschnew von dem Vorfall erfuhr, sagte er: ›Das ist Heroismus, Helden werden wir auch wie Helden begraben. Ein Flugzeug geht nach Rostow, das zweite nach Wjasma. Wir werden große Delegationen dorthin schicken. Aber zuerst beenden wir den Kongress.‹«

»Wann genau sind Sie in die Sowjetunion zurückgekehrt?«

»Ein paar Tage nach dem Unglück. Walera und ich. Ich hoffte, Unterstützung bei Borjas Vater zu finden. Wladislaw Alexandrowitsch war einflussreich und ein Familienmensch. Er hatte zwei Töchter, aber mich nannte er seine Lieblingstochter, dabei war ich doch nur seine Schwiegertochter. So sehr mochte er mich. Als wir abends um acht landeten, war Borjas Vater nicht am Flughafen. Das war sehr ungewöhnlich, er hat uns sonst immer abgeholt, aber nun war er auf einmal nicht da. Ich fragte Borjas Schwester: ›Wo ist Opa?‹ Wir haben Opa zu ihm gesagt. Sie sagte: ›Mit den Füßen voraus.‹ Ich habe das erst gar nicht verstanden. Aber als wir in die Wohnung kamen, stand dort ein Sarg mit dem toten Opa darin. Er war krank gewesen, er hatte schon zuvor zwei Herzinfarkte gehabt. Als die Familie am

8. April die Nachricht von Borjas Tod erhielt, reisten die Verwandten an: Seine Brüder, meine Familie, aber sie hatten beschlossen, Borjas Vater nichts zu sagen, denn es hätte ihm den Rest gegeben. Doch Wladislaw Alexandrowitsch war klug. Als plötzlich alle kamen, hat er natürlich etwas gemerkt. Er hat dann eine seiner Töchter gefragt: ›Nusja, was ist passiert?‹ – ›Nichts, Papa, nichts …‹ – ›Warum bist du dann so verheult?‹ – ›Ich habe Zahnschmerzen.‹ Dann hat er gesagt: ›Hört auf, mich für dumm zu verkaufen, ich habe alles verstanden. Wenn Boris gegangen ist, dann habe auch ich hier nichts mehr verloren.‹ Und dann ist er gestorben. Vater und Sohn wurden gemeinsam im Palast der Bauarbeiter in Rostow am Don aufgebahrt. Die Trauerfeier war dann am 11. April. Die ganze Stadt hat Abschied genommen. Der Verkehr wurde angehalten. Es war ein nicht enden wollender Strom von Menschen. Den Sarg haben sie bestimmt zwei Kilometer getragen. Sie konnten nicht alle vorlassen, so viele Leute waren da. In den Zeitungen stand, dass jede Stadt in Deutschland, jede Kleinstadt, eine Delegation und Blumen geschickt hatte. Überall Kränze. Und die Zeugen, die das alles gesehen haben, standen vier Stunden in der Ehrenwache. Die Männer haben geweint.«

Aus der Armeezeitung *Krasnoje Snamja* (»Rotbanner«), 13. April 1966:

»Auf dem Städtischen Friedhof versammelt sich die Trauergemeinde. Ein dreifaches Salut donnert, und zu den Tönen der Nationalhymne werden zwei Särge langsam ins Grab hinabgelassen. Am frischen Grabhügel werden Dutzende Kränze niedergelegt, darunter ein Kranz des Oberkommandierenden der sowjetischen Streitkräfte in Deutschland, General P.K. Koschewoj, von Partei- und gesellschaftlichen Organisationen der DDR, von den Kämpfern der Nationalen Volksarmee der DDR und vom Militärrat und Stab des Militärbezirks Nordkaukasus. B.W. Kapustin hat ein kurzes, aber ruhmreiches Leben geführt. Die Kämpfer unseres Militärbezirks werden das Gedenken an einen tapferen Menschen, der seine Pflicht bis ans Ende erfüllte, ewig wahren.«

»Mir wurden auch viele deutsche Zeitungsartikel geschickt, aus dem Westen und aus dem Osten. Es waren sehr viele, ich habe zu Hause eine ganze Mappe mit Zeitungsausschnitten aus Deutschland.«

Zeitungen aus Westdeutschland in der Sowjetunion? Das war eigentlich verboten. Vielleicht meint sie den Artikel der *Wahrheit*? Aber Galina Kapustina redet schon weiter, schnell und sprunghaft. Es sprudelt förmlich aus ihr heraus. Sie lacht viel.

»Borja hat mir jeden Tag eine Liebeserklärung gemacht. Jeden Tag. Sie können es sich nicht vorstellen. Er atmete mich, er war entzückt von mir, er sagte mir: ›Ich werde dir nie das Wasser reichen können.‹ Um ihn zu charakterisieren, kann man nur Superlative verwenden. In den neun Jahren unseres gemeinsamen Lebens habe ich nicht einmal gehört, wie er laut wurde, geflucht hat oder unzufrieden war. Für ihn war das Leben ein Fest. Wenn wir abends über die Straße gingen, blieb er stehen, und ›tschmok, tschmok‹ drückte er mir einen Kuss auf. Ich habe mich immer geniert, ›Was machst du …?‹ – ›Na und? Du bist doch meine Frau.‹ Bis zum letzten Atemzug war ich für ihn alles. Und unser Sohn auch. Boris kam immer im Laufschritt von der Arbeit. Er ging nicht, er lief. – ›Borja, warum läufst du?‹ – ›Nach Hause! Schnell nach Hause.‹ Er hatte einen sehr schnellen Schritt. Die genaue Kopie Putins. Immer, wenn ich Putin gehen sehe, denke ich: Er ging genauso.

Alle haben sich über unsere Beziehung gewundert. Weil er mir immer geholfen hat, bei allem. So eine Beziehung wie zwischen uns gibt es wohl selten. Ich habe als stellvertretende Direktorin der Garnisonsbibliothek gearbeitet. Er kam in seiner Freizeit und hat mir geholfen. Seine Vorgesetzten waren damit natürlich unzufrieden, sie haben ihn oft gefragt: Warum lässt du dich dazu herab? Denn er war eine große Autorität. Er war nicht nur Kommandeur der Fliegerkette, sondern er war auch Parteisekretär der Fliegerstaffel und er war gewählter Vorsitzender des Ehrengerichts der Offiziere des Regiments. Sie haben ihn einstimmig für fünf Jahre gewählt, stellen Sie sich das mal vor, ist das nicht eine Ehre? Und er hat viel gelesen, besonders unseren Dichter Jessenin hat er sehr geliebt und kannte ihn auswendig. Sein Spitzname war Professor, weil er so belesen war und schon so früh graue Haare bekommen hat. Das liegt bei uns in der Familie.«

Sie lächelt und wedelt sich mit einer Mappe Luft zu. Es ist stickig.

»Wenn ich jetzt nicht im Krankenhaus wäre, wäre ich schon wieder irgendwo aufgetreten. Ich trete ja oft vor Schulklassen auf, in der Schule Nr. 51. Sie ist nach Kapustin benannt, denn er hat diese Schule selbst besucht. Dort gibt es seit Langem ein kleines Kapustin-Museum. Und ich werde auch von Studenten eingeladen. Meist kommt als Erstes die Frage, wo wir uns kennengelernt haben.

Ich bin in der Nähe von Schitomir in der Ukraine geboren. Meine Oma mütterlicherseits ist Ukrainerin, mein Opa Pole. Sie hatten viele Kinder, meine Mutter war das jüngste von vierzehn! Wir sind eine internationale Familie, mein Vater war Russe. Meine Eltern haben sich später scheiden lassen und meine Mutter hat noch einmal geheiratet. Ihr zweiter Mann war Offizier. Mit ihm zogen wir nach Ostrog, ein kleines Städtchen im Gebiet Rowno (heute Riwne, die Verf.) im Westen der Ukraine. Er wurde dorthin geschickt, um die Sowjetmacht zu stärken. In Ostrog ging ich noch ein paar Jahre zur Schule und danach auf das Pädagogische Institut in Rowno. Ich wollte Lehrerin werden.

Im vierten Studienjahr machten wir ein Praktikum in einer Schule. Das war im September 1956. Wir Studentinnen sollten Praxiserfahrung sammeln und ich absolvierte das Praktikum gemeinsam mit zwei Freundinnen in der Nähe meiner Eltern, in Ostrog. In diesem kleinen Städtchen war kurzzeitig ein Regiment der Luftwaffe stationiert, um die Start- und Landebahn zu verlängern, denn damals wurde neues Fluggerät eingeführt. Wir waren jung und meine Freundinnen meinten, wir sollten tanzen gehen. Ich habe erst abgelehnt, denn ich war sehr pflichtbewusst: ›Nein, wir müssen doch noch den Unterricht vorbereiten.‹ Aber sie haben mich überredet. Wir standen vor der Tanzfläche und unterhielten uns. Während ich mich so umschaute, entdeckte ich einen Burschen, der mich auffordern wollte. Ich war aber schon vergeben. Die Jungs standen Schlange, denn es gab nur wenige Mädchen und viel mehr Piloten. Wir Mädchen tanzten und tanzten. Aber dieser Bursche tat mir auf einmal leid.

Da habe ich eine Pause gemacht und abgewartet, ob er mich auffordert. Und das hat er getan. ›Ich heiße Borja‹, hat er gesagt, ›wie heißt du?‹ – ›Galja.‹ So stellten wir uns einander vor. ›Darf ich dich nach Hause bringen?‹ – ›Nein, nein, auf keinen Fall!‹ Ich war sehr streng: ›Was fällt Ihnen ein, ich bin gesellschaftlich aktiv, nein, nein.‹ Ich war Vorsitzende des Rates des Studentenwohnheims, mich kannten alle. Er hat dann trotzdem auf mich gewartet, um mich nach Hause zu begleiten. Es war nicht weit, ich wohnte nebenan. Dann sind wir auseinandergegangen.

Das war an einem Samstag. Am Sonntag wurden damals großartige Lotterien veranstaltet, mit Konzerten und Bühnendarbietungen. Wieder hatten mich meine Freundinnen mitgeschleppt. Wir kamen rein und dort stand eine Gruppe Offiziere. Auf einmal rief mich jemand und hopp, zogen sie mich in ihren Kreis. Ich habe gefragt: ›Wollen Sie mich verkuppeln?‹ Der Sampolit meinte: ›Ja.‹ – ›Mit wem?‹ – ›Mit Ihrem Bräutigam. Da steht er: Borja!‹ Borja wurde knallrot und sagte: ›Ehrenwort, ich habe das nicht gewusst, das haben die anderen ausgeheckt.‹«

Sampolit ist eine dieser typischen Abkürzungen aus der Sowjetzeit. Sie steht für »Samesstitel komandira po politiko-prossvetitel'skoj i vosspitatel'noj rabote«: Stellvertretender Kommandeur, zuständig für politische Aufklärungs- und Erziehungsaufgaben. Der Sampolit war eine Autoritätsperson.

»Der Kommandeur hat uns in einen Wagen gesetzt und gesagt: ›Sprecht euch aus!‹ Die anderen gingen weg. Ich sagte: ›Borja, entschuldigen Sie, was sollen die Schüler denken, meine Eltern, Gott, ich bin ein einfaches Mädchen, und auf einmal so was.‹ Da hat er mir gesagt, dass sie in einigen Tagen wegfliegen. Ich habe meinen Unterricht abgehalten und wie gewohnt die beste Note bekommen. Nach der Stunde rief mich auf einmal jemand: ›Galinuschka!‹ So hat mich sonst niemand gerufen. Ich habe mich auch gar nicht angesprochen gefühlt. ›Galinuschka!‹ Auf der anderen Straßenseite stand Borja. Er kam zu mir und sagte: ›Du kannst jetzt beleidigt sein oder nicht, der Kommandeur hat mir zwei Wochen Urlaub gegeben und befohlen, dass ich nicht ohne dich wiederkommen soll.‹«

Galina und Boris Kapustin 1963

Galina Kapustina lacht. Ihre Augen werden feucht.

»Ich habe gesagt: ›Wie das? Ich muss doch zu Ende studieren, ich muss mein Examen machen. Anders geht es nicht.‹ Wir haben dann zwei Wochen miteinander verbracht. Die Zeit verging wie im Flug. Dann fuhr er weg.

Wir haben uns das ganze Jahr über geschrieben. Einen Monat vor dem Ende meines vierten Studienjahres, im April, bekam ich morgens um sechs Uhr ein Telegramm. Ich war gerade zu Hause bei meiner Mutter. Das Telegramm war von Borja. Während ich noch las, klopfte es schon an der Tür: Borja stand da mit seinem besten Freund Sascha. Und Sascha sagte noch auf der Türschwelle: ›Galina, wir sind zur Hochzeit gekommen.‹ Im Studentenwohnheim hatten sie schon Tische organisiert und Live-Musik bestellt. Sascha sagte: ›Wir kommen, um dich zu holen.‹ – ›Wie? Ich habe übermorgen Prüfungen.‹ – ›Macht nichts, lass uns fahren.‹ Als wir im Wohnheim ankamen, fragten die anderen Mädchen mich sofort, ob sie gratulieren dürften. ›Nein‹, habe ich gesagt. Ich war vollkommen überrumpelt. Dann meinten meine Freundinnen auf einmal, ich solle ihnen meinen Ausweis geben. Mit dem Ausweis sind sie in das Standesamt auf der anderen Straßenseite gegangen. Der Beamte wiegelte natürlich ab: ›So geht das nicht. Wir haben eine Anmeldefrist von zwei Monaten.‹ Doch meine Freundinnen haben ihn bekniet: ›Wir sind doch Studenten. Und der Bräutigam ist beim Militär und muss wieder fort. Es wird auf Ihrer Seele lasten, wenn die beiden nicht heiraten können.‹ Und dann sagte er tatsächlich: ›Na gut, gebt mal eure Pässe.‹ Wir wurden getraut und haben Hochzeit gefeiert. Ich kann Ihnen gar nicht beschreiben, wie schön das war. Die Tische wurden gedeckt wie mit einem Zauberstab und alle waren so ausgelassen. Es war wunderbar.

Dann fuhr Borja weg. Ich habe mein Examen gemacht und bin ihm in die Karpaten gefolgt. Dort war er stationiert. Ein Jahr später kam mein Sohn Waleri zur Welt. Mir wurde auch Arbeit angeboten, in der Abendschule im Haus der Offiziere. Ich habe das sehr gern gemacht. Mein Sohn war zwei Monate alt und lag im Kinderwagen am Fenster. All die Jahre habe ich gearbeitet, ich habe großes Glück gehabt.«

Galina Kapustina unterbricht sich und greift erneut nach der Mappe. »Ehe ich es vergesse …« Sie zieht ein Papier mit der Zeichnung eines Denkmals heraus: Zwei Männer mit akkurat nach hinten gekämmten Haaren in Fliegerjacken. Ihr Blick ist entschlossen nach vorn gerichtet. Einer der beiden hebt die rechte Hand, als würde er beim Blick in die lichte Zukunft der UdSSR von der Sonne geblendet. Sie stehen auf einer Granitplatte in der Form eines Flugzeugflügels mit der Landkarte Berlins darauf. Es ist der Entwurf für ein Denkmal für Boris Kapustin und Juri Janow, das junge Leute in Rostow am Don errichten wollen.

»Ich bin an der Universität in Rostow aufgetreten und habe den Studenten einen Film über die Heldentat gezeigt. Danach haben sie mich zwei Stunden in Beschlag genommen. Sie haben gefragt: ›Haben Kapustin und Janow ein Denkmal in unserer Stadt?‹ Ich sagte: ›Nein, in Deutschland gibt es eins, hier nicht.‹ – ›Wie das? Es muss ein Denkmal geben.‹ Und dann haben sie angefangen, sich zu kümmern.

Da gibt es eine junge Frau, ein ganz fabelhaftes Mädchen, Anastassija heißt sie, Anastassija Moissejewa. Sie müssen Sie unbedingt treffen, sie weiß über alles Bescheid. Sie ist wegen des Denkmals bereits mit den Behörden in Kontakt. Und den Bildhauer müssen Sie auch treffen, wenn Sie es einrichten können. Er lebt in Moskau. Andrjuschka ist so ein guter Junge. Als er bei mir war und mein Archiv angeschaut hat, sind ihm Tränen über das Gesicht gelaufen. Er meinte: ›Wenn Sie mir die Aufgabe anvertrauen, dann entwerfe ich das Denkmal kostenlos. Mir reicht es, wenn das Material bezahlt wird.‹ Er hat sich sofort darangesetzt. Das hier ist sein Entwurf. Es fehlt nur noch das Geld, um das Denkmal aufzustellen.

Zum Glück sind die jungen Leute heute wieder Patrioten. Das war zwischenzeitlich ja komplett verloren gegangen. Immer nur Geld, Geld, Geld und Karriere. Aber unsere Kinder sind ja nicht schuld daran. Ich arbeite jetzt in einigen Clubs mit. Vor allem im Club Patriot. Wir gehen gemeinsam in Schulen. Ich habe noch nie eine Anfrage abgelehnt. Sie können sich nicht vorstellen, mit wie viel Interesse mir die Kinder zuhören. Einmal war ich in einer Mittelschule. 250 Schüler saßen im Saal. Mir wurde gesagt: ›Galina Andrejewna, 45 Minuten!‹ Ich weiß natürlich inzwischen, was die Kinder hören wollen, ich weiß, dass sie gern Fragen stellen, damit es konkret wird, nicht nur so lalala. Dann klingelte die Schulglocke. Die Direktorin kam und rief: ›Alle in den Unterricht!‹ Aber da stand der Schülersprecher auf und sagte: ›Ihren Unterricht hören wir jeden Tag. Diese Stunde haben wir zum ersten Mal. Wir wollen mehr hören.‹ Sie können es sich nicht vorstellen, vier Stunden haben sie mich ausgefragt. Hinterher kam ein Junge zu mir, sah mich an und sagte: ›Ich werde Pilot!‹ Wenn ich auftrete, ändern sich die Kinder. Sie sind dann ganz durchdrungen von der Heldentat. Sie durchleben sie, fühlen sie nach und ziehen ihre Schlüsse.«

»Aber warum haben Kapustin und Janow bisher kein Denkmal bekommen? In Rostow am Don gibt es neben der Kapustin-Schule lediglich eine Kapustin-Straße.«

»Schüler haben bald nach seinem Tod an Breschnew geschrieben und gefragt, warum Kapustin nicht zum Held der Sowjetunion ernannt wurde, denn er ist ja wie ein Held gestorben. Als Held der Sowjetunion hätte ihm ein großes Denkmal zugestanden.«

»Held der Sowjetunion« war der höchste Ehrentitel der Sowjetunion.

»Es kam ein Brief mit der Unterschrift Breschnews zurück. Kapustin hat die Auszeichnung nicht bekommen, weil das Flugzeug in die Hände des Feindes gelangt ist. So stand es da. Wortkarg. La-konisch.«

Sie betont jede Silbe des Wortes.

»Es hat einen Befehl gegeben: Retten Sie sich mit dem Schleudersitz. Kapustin hat Verantwortung übernommen und den Befehl ignoriert. Nach dem Armeegesetz hieß das: ein Tribunal. Wenn sie überlebt hätten, wären sie vor ein Tribunal gekommen. Die Frage nach dem Heldentitel beschäftigt die Studenten auch heute sehr. Sie fragen immer: ›Ist er Held der Sowjetunion?‹ – ›Nein.‹ – ›Dann sorgen wir dafür, dass er den Titel bekommt.‹«

Galina Kapustina kichert und gluckst dabei ein wenig.

»Wir sagen: ›Sam pogibaj, a towarischtscha wyrutschaj.‹ Hilf dem Kameraden, auch wenn du selbst dabei umkommst.« Das Sprichwort wird General Suworow zugeschrieben, der unter dem Zaren diente.

»Die Russen haben das im Blut. Borja hatte einen echten russischen Charakter. Ich werde oft gefragt: Die Faschisten haben so sehr gewütet, haben getötet, vernichtet, und trotzdem hat er Mitleid, rettet die Stadt, rettet die Menschen – wie geht das zusammen? Aber was hat seine Heldentat mit Faschisten zu tun? Und mein Gott, Menschen sind doch überall gleich. Es gibt die Politik, es gibt die Armee, aber das sind Menschen. Stellen Sie sich die Explosion vor, die der Absturz hätte auslösen können. Wie viele wären im Feuer umgekommen … Das Ganze hätte einen Krieg auslösen können, einen dritten Weltkrieg … Ich denke, er hat das Richtige getan.«

»Wie haben Sie selbst die deutschen Soldaten im Krieg erlebt?«

»In unserer Wohnung waren Deutsche einquartiert. Einer von ihnen war so um die vierzig, und er hat mich irgendwie in sein Herz geschlossen. Er hat mir immer über den Kopf gestreichelt und gesagt: ›Kinder gut, Kinder gut.‹ Er hatte wohl eine Tochter in meinem Alter.

Er gab mir jeden Tag Schokolade. Davon erzähle ich auch den Kindern in der Schule. Sie fragen dann immer ganz aufgeregt: ›So etwas hat es gegeben?‹ Ja, so etwas hat es auch gegeben. Bei uns war keine SS. Es gab Bombenangriffe, aber Erschießungen haben wir nicht gesehen.«

»Mit welchen Gefühlen sind Sie später nach Deutschland gereist? Der Krieg war ja noch keine zwanzig Jahre her.«

»Wir hatten ein gutes Verhältnis zu den Deutschen. Ich kann wirklich nichts Schlechtes sagen. Wir hatten gemeinsame Abende, Treffen mit Familien, wir haben Freundschaften geschlossen. Natürlich hatten die Deutschen ihre Aufgaben und wir hatten unsere. Aber es gab keinerlei Hass. Wir haben in Finow friedlich und sehr freundschaftlich zusammengelebt. Ich erinnere mich, dass wir einmal aus dem Urlaub zurückkamen und die Nachbarn über uns unsere Wohnung unter Wasser gesetzt hatten. Wir mussten renovieren. Für uns wurden zwei Handwerker bestellt, Deutsche. Sie konnten ein kleines bisschen Russisch. Ich hatte, wenn ich nach Hause kam, immer Geschenke dabei, Dinge, die es in Deutschland nicht gab. Vor allem mochten sie unser Konfekt. Das aus der Fabrik Bolschewik. Und sie kannten unser leckeres süßes Halwa nicht. Drittens hatten wir sehr billigen Kaffee. Und wir hatten Bier. Wir haben ja in Deutschland gelernt, Bier zu trinken. Die Handwerker haben immer Bier getrunken, und ich brachte getrockneten Fisch aus dem Don mit. Als sie ihn probierten, sagten sie: ›Frau Galja, rybka, rybka!‹ Über den Fisch haben wir Freundschaft geschlossen, sie haben die Wohnung bestens renoviert. Ich war auch mit der Frau aus einem Laden befreundet. Sie hat mir Kristall aus Leipzig besorgt. Später haben die Leute gesagt, das ist ja ein Eimer und keine Vase, so groß war sie. Die Verkäuferin hat das aber nur für mich gemacht. ›Frau Galja‹, hat sie gesagt, ›wir sind ja Freundinnen.‹«

Plötzlich fliegt die Tür zur Kardiologie auf. Ein Mann steht auf dem Vorflur und brüllt. Frauen rufen: »Holt die Polizei!« – »Das haben wir schon«, ruft eine andere. Galina Kapustina schaut einen Moment lang irritiert.

»Seltsam, so etwas auf dem Krankenhausflur. Seit es den sowjetischen Staat nicht mehr gibt, hat sich viel verändert.«

Die Jahre nach dem Zusammenbruch der Sowjetunion und der Unabhängigkeit Russlands waren eine Zeit, in der alles auf den Prüfstand kam. Die Strukturen der Sowjetunion waren zusammengebrochen, auf ihren Trümmern tummelten sich Verbrecher und Geheimdienstler, Militärs und Glücksritter, postsowjetische Mafiosi und ihre Killer. Auf den Straßen herrschte teils blanke Gewalt. Zweimal brach die Währung komplett ein. Die Bevölkerung verarmte.

»Wissen Sie, dass sogar versucht wurde, meinem Mann den Absturz in die Schuhe zu schieben? Ich rede wirklich ungern darüber …«

Ihre Miene verdunkelt sich, sie rutscht unruhig hin und her.

»In den Neunzigerjahren passierten hier schreckliche Dinge. Der Patriotismus fiel damals auf null. In den Zeitungen versuchten sie, die Helden der Sowjetunion zu demontieren. Alle wurden in den Schmutz gezogen. Da stand, Russland habe niemals irgendwelche Helden hervorgebracht, das sei alles ausgedacht, und so weiter und so fort. Stellen Sie sich vor, über Kapustin schrieben sie in der *Komsomolskaja Prawda*, er sei gar kein Held gewesen; er habe eigenmächtig beschlossen, eine Ecke abzukürzen und direkt über Berlin zu fliegen. Über der Stadt habe er waghalsige Manöver gemacht und dabei die Kontrolle über das Flugzeug verloren.«

Komsomolskaja Prawda, 7. Februar 1997:

»So hätte der dritte Weltkrieg beginnen können. Nichtöffentliche Fakten der Geschichte:

Die Mannschaft begrüßte die Stadt und demonstrierte zugleich die Möglichkeiten der sowjetischen Jagdbomber … Der Kommandeur flog keck eine Schraube … Beide Motoren des der Besatzung wenig bekannten Flugzeugs ›soffen ab‹, und Kapustin konnte sie nicht wieder in Gang kriegen. Die Piloten hielten das Flugzeug bis zum Letzten in der Luft, ›nur nicht in den Wald‹ (wie im Lied *Ogromnoje nebo*, das ihnen gewidmet ist), sondern ›möglichst weit weg vom dicht besiedelten Bezirk, und mit dem letzten, was möglich war, schafften sie es über die Spree und gingen am anderen Ufer zu Boden‹.«

»Als mein Sohn und ich das gelesen haben, hat mich das so erzürnt, so erzürnt! Ich war doch dabei! Außerdem habe ich Zeitungsartikel, die belegen, dass er ein Held war. Das haben auch deutsche Zeitungen geschrieben. Und es gibt Zeugen, die alles gesehen haben. Was fällt denen ein, die Ehre meines Mannes so zu beschmutzen. Sogar die Königin von England hat ihre Ehrenwache geschickt, als der Leichnam übergeben wurde. Sie haben ihm Geleit gegeben wie einem Helden!

Mein Sohn Walera ist zur *Komsomolskaja Prawda* gegangen, aber der Redakteur wollte nicht mit ihm reden, er hat ihn nicht mal empfangen. Ich bin dann nach Moskau gefahren, um einen Anwalt zu finden. Mir wurde eine Kanzlei empfohlen, von der es hieß: ›Diese Anwälte werden auf jeden Fall die Wahrheit durchsetzen.‹ Das war eine extrem teure Kanzlei, sie ließen sich jede Arbeitsstunde in Dollar bezahlen. Notfalls verkaufe ich meine Wohnung, habe ich mir gedacht und mich darauf eingelassen.

Doch dann hat der Chef der Anwaltskanzlei von der Sache erfahren und gesagt: ›Galina Andrejewna, wir betrachten es als eine Ehre, Ihren Mann zu verteidigen. Wir nehmen keine Kopeke.‹ Zwei Jahre lief der Prozess. Und sie haben wirklich kein Geld genommen. Mein Sohn hat im Laufe des Prozesses Akten des Militärarchivs eingesehen. Er kann Ihnen davon erzählen. Fahren Sie zu ihm, fragen Sie ihn. Er hatte Zugang zum Abschlussbericht der Untersuchungskommission. Da steht, dass die Flugzeugfabrik schuld an dem Unglück war. Das Werk hat Motoren von schlechter Qualität produziert. Die von der *Komsomolskaja Prawda* haben einfach erfunden, dass die Piloten Rowdies waren. Borja war ein sehr verantwortungsbewusster Mensch, er hätte so etwas nie gemacht. Und Jura auch nicht. Das ist ausgeschlossen.

Mir wurde gesagt, dass sie sich entschieden haben, das Flugzeug mit der verbliebenen Geschwindigkeit herumzureißen, weil sie sonst in einen Damm gestoßen wären. Mir wurden später seine Handschuhe gegeben. Er hat den Steuerknüppel so fest gehalten, dass seine Fingernägel das Leder durchbohrt haben. Ein deutscher Pilot hat mir später gesagt, es ist unbegreiflich, wie er das nicht steuerbare Flugzeug noch lenken konnte, den Damm und die Häuser überwand und erst dann wie ein Stein fiel. Ich bin zwei Jahre lang zu den Verhandlungen nach Moskau gefahren und habe im Gerichtssaal gesessen. Der Richter sagte jedes Mal: ›Galina Andrejewna, weshalb kommen Sie? Sie sind krank. Sie haben doch einen Anwalt.‹ Ich aber meinte: ›Das Herz mag krank sein, egal, ich komme jedes Mal. Ich kenne die Wahrheit. Ich werde sie beweisen. Das ist meine Mission. Ich werde selbst bis zum Internationalen Gerichtshof gehen.‹«

»Und, waren die Anwälte so gut wie ihr Ruf? Haben Sie gewonnen?«

»Auf ganzer Linie. Die Zeitung musste eine Gegendarstellung drucken.«

Aus dem Urteil vom 3. Dezember 1998:

»Im Namen der Russischen Föderation.

Das Gericht ist der Auffassung, dass die Ausführungen der Autoren die Ehre und Würde von Hauptmann B.W. Kapustin verletzen.

Die Beklagten haben dem Gericht keinerlei Beweise dafür vorgelegt, dass die Flugzeugkatastrophe von den Piloten verschuldet wurde. Wie aus dem Untersuchungsbericht der Katastrophe vom 6.4.1966 folgt, geschah die Flugzeugkatastrophe aufgrund von Konstruktionsfehlern. Schuld ist die Moskauer Motorenfabrik ›Roter Oktober‹, die schlechte Qualität produzierte. Das Gericht hat entschieden, die Redaktion der *Komsomolskaja Prawda* zu verpflichten, die in dem Artikel enthaltenen Informationen binnen zehn Tagen nach Inkrafttreten des Urteils zu widerrufen und jeweils 1.000 Rubel an G.A. und W.B. Kapustin als Entschädigung für den erlittenen moralischen Schaden zu zahlen.«

Tausend Rubel entsprachen damals etwa einem durchschnittlichen Monatslohn.

»Wissen Sie, nach dem Urteilsspruch kam der Anwalt der *Komsomolsakaja Prawda* zu mir und sagte: ›Wenn Sie wollen, gehe ich vor Ihnen auf die Knie.‹ – ›Warum?‹ – ›Das bin ich Ihnen schuldig. Ich habe meinen Job als Verteidiger gemacht. Ich habe nur noch ein Jahr bis zur Rente, ich möchte keine Schwierigkeiten. Aber Sie sind im Recht. Verzeihen Sie mir bitte.‹ Natürlich habe ich ihm verziehen.«

»Die *Komsomolskaja Prawda* hatte damals eine Millionenauflage. Hat der Artikel Wirkung entfaltet?«

»Leider ja. Natürlich. Und die Gegendarstellung fiel natürlich viel kleiner aus als der Artikel.« Galina Kapustina seufzt.

»Vor ein paar Jahren passierte etwas sehr Unschönes, eine Tragödie. Auf unserem Ehrenfriedhof wurden innerhalb einer Nacht mehr als sechzig Gräber verwüstet. Auch das von Kapustin war darunter. Er hatte einen Gedenkstein aus schwarzem Granit bekommen, groß, mit Sternen darin und einem Zaun drum herum. Alles wurde zerstört. Ausgerechnet zu der Zeit kündigte sich eine Delegation der Deutsch-Sowjetischen Freundschaft an. Sie hatte mich vor dem Jahrestag ausfindig gemacht.«

Kontaktgesuch aus Eberswalde:
»Brandenburgische Freundschaftsgesellschaft e. V. Eberswalde
Waldemar Hickel
Eberswalde, Deutschland

Haus der Offiziere in Rostow am Don

Werte Angehörige des Hauses der Offiziere.

Wir haben erfahren, dass es ein Haus der Offiziere in Rostow gibt, das sicherlich den Lebensweg von Boris Kapustin kennt.

Wir, das ist die Brandenburgische Freundschaftsgesellschaft e. V. Eberswalde, haben aus Anlass der 40. Wiederkehr des Flugzeugkatastrophe am 6.4.1966 eine Kranzniederlegung durchgeführt. Die Opfer der Flugzeugkatastrophe waren Hauptmann Boris Kapustin und Juri Janow. Ihnen ist es zu verdanken, dass sie ihr Leben gaben, um vielen anderen das Leben zu retten. Wir wollen uns mit diesen beiden Personen weiter auseinandersetzen und benötigen dazu weiteres Material über diese beiden Helden. Wir wären Ihnen dankbar, wenn Sie uns in dieser Hinsicht behilflich sein könnten. Dabei geht es um Bildmaterial, Textmaterial über den Lebensweg, persönliche Eindrücke und vieles mehr. Wir haben uns sagen lassen, dass zu Ehren der beiden Lieder, Gedichte u. a. verfasst wurden. Mit diesen wollen wir unsere Bürger mehr über die beiden Helden informieren. Wir würden es begrüßen, wenn wir eine genaue Anschrift mit Telefonnummer, vielleicht E-Mail erhalten könnten, um mit Ihnen in Kontakt zu bleiben. Wir würden dann in gewissen Abständen schreiben und Sie über unsere Ergebnisse informieren.

Wir hoffen, dass Sie uns helfen, dieses Projekt zu verwirklichen.

Auch würden wir es begrüßen, wenn Sie uns helfen könnten, die Anschrift des Sohnes Waleri Kapustin zu besorgen.

An weiteren Hinweisen in dieser Angelegenheit hätten wir großes Interesse.

Mit Frau Nonna I. und Eleonore P. schicken wir eine CD und Zeitdokumente, die wir erhalten haben, mit. Auf der CD sind einige Bilder von der Kranzniederlegung, von unserer Stadt Eberswalde und unserer Freundschaftsarbeit enthalten. Wir wollen hoffen, dass diese Sachen auch eine kleine Bereicherung des Museums sind.

Auch würden wir uns freuen, etwas über Ihre Stadt und Ihren Alltag zu erfahren.

Für das erste Mal verabschieden wir uns ganz herzlich und hoffen auf eine Antwort.

Mit freundlichen Grüßen
Hickel
Vorsitzender
Brandenburgische Freundschaftsgesellschaft e. V.«

»Nun wollte eine Delegation aus Deutschland nach Rostow kommen. Und das Grab war verwüstet. Ich habe mir deshalb einen Termin beim Bürgermeister gemacht. Er hat mich einen Monat warten lassen. An dem Tag, an dem ich endlich vorgelassen wurde, war ich die Erste auf der Warteliste, wurde aber als Letzte hineingelassen. Ich sagte dann: ›Sie haben doch einen Beauftragten für Denkmäler‹ – ›Jajaja‹, er war genervt, ›ich beauftrage ihn, er wird sich darum kümmern und sich mit Ihnen in Verbindung setzen.‹ Ich hab dann nachgehakt, was mit dem Grabmal ist: ›Die Delegation aus Deutschland wird doch unbedingt das Grab besuchen. Was soll die Delegation dort besichtigen, die Trümmer? Das ist doch eine Schande. Wir brauchen einen Grabstein.‹ Er fragte dann: ›Ist er ein Held der Sowjetunion?‹ – ›Nein, soweit ich weiß, ist er Held Deutschlands.‹ – ›Dann sollen doch die Deutschen ihm ein Denkmal errichten.‹«

Was könnte das für eine Auszeichnung sein, von der Galina Kapustina spricht? Held Deutschlands? Es ist nicht die richtige Situation, jetzt nachzufragen. Der Respekt vor der alten Dame verbietet es, sie zu korrigieren. Wir wollen die Witwe nicht kränken. Sie redet schon weiter und strahlt übers ganze Gesicht.

»Aber so einfach habe ich den Bürgermeister nicht davonkommen lassen. ›45 Jahre sind vergangen‹, habe ich gesagt, ›und in all den Jahren habe ich Sie nicht ein Mal um etwas gebeten, ich nicht und mein Sohn auch nicht. Aber den Grabstein hat damals die Stadt aufgestellt. Sollen wir der Delegation etwa Trümmer zeigen?‹ – ›Laut Gesetz steht ihm kein Denkmal zu.‹ Das war die Antwort des Bürgermeisters. Stellen Sie sich meinen Zustand vor. Ich ging raus, ging zum Friedhof und weinte. Ein Arbeiter sah das und führte mich zur Friedhofsverwaltung. Dort sagten sie: ›Wir halten es für eine Ehre, das Grab Kapustins wiederherzurichten. Wir werden einen Sponsor finden. Kümmern Sie sich nicht um den Bürgermeister. Wir erinnern uns an Kapustins Bestattung. Wir erinnern uns an seine Heldentat. Wir schätzen sie sehr und sind stolz darauf, dass er bei uns beigesetzt ist.‹ Und dann haben sie das Grab wieder hergerichtet. Der Grabstein ist ein bisschen bescheidener ausgefallen, natürlich, aber man muss sich nicht mehr dafür schämen, das Grab vorzuzeigen. Die Stadt kümmert sich wirklich kein Stück.«

Galina Kapustina kommt jetzt ganz nah heran und flüstert fast.

»Ich erzähle Ihnen etwas Besonderes. Mein Sohn lebt seit zwanzig Jahren in Moskau, er besaß aber lange keine eigene Wohnung. Und er ist so bescheiden. Irgendwann hat Angela Merkel davon erfahren. Mich hat eine Übersetzerin angerufen und gesagt, die Leute von der Gesellschaft der Deutsch-Russischen Freundschaft hätten Merkel davon erzählt. Und Merkel habe daraufhin begonnen, in ihrem Büro auf und ab zu gehen. Sie war aufgeregt: ›Wie kann es sein, dass der Sohn Kapustins seit zwanzig Jahren keine Wohnung hat? Wir machen das so: Ich werde die russische Führung anrufen. Wenn sie ihm innerhalb eines Monats keine Wohnung geben, dann werde ich ihm persönlich eine Wohnung im Zentrum Moskaus kaufen, von meinem Geld, aber davon wird die ganze Welt erfahren!‹ Ich denke mir das nicht aus, das stand sogar in den Zeitungen. Ich wiederhole das nur. Und, was denken Sie? Zwei Wochen später ruft mein Sohn mich an: ›Mama, ich habe eine schöne Wohnung bekommen!‹ Das bedeutet doch, Merkel hat ihm die Wohnung verschafft. Sie hat eine gute Tat getan. Sogar unsere Zeitung hat das gebracht.«

Komsomolskaja Prawda, 12. April 2010:

»Bereits seit mehr als vierzig Jahren tragen Hunderte Berliner am 6. April Blumen zum Denkmal im Stadtpark, um die sowjetischen Flieger zu ehren: den Rostower Boris Kapustin und den Bürger von Wjasma, Juri Janow. Als man in Berlin vor einiger Zeit erfuhr, dass der Sohn von Boris Kapustin, ein Armeeangehöriger, keine eigene Wohnung besitzt, versprach man umgehend, dass Angela Merkel ihm eine Wohnung im Zentrum Moskaus kauft, auf dass es der russischen Regierung peinlich ist. Offenbar hat das Verteidigungsministerium Russlands Waleri Kapustin aus Angst vor einem internationalen Skandal umgehend eine neue Wohnung zugeteilt.«

Es ist das gleiche Blatt, das in den Neunzigerjahren Boris Kapustin als Rowdy verunglimpft hatte.

»Angela Merkel ist für mich … Ich bin begeistert von ihr. Nach all dem …. Was soll ich da sagen. Mein höchstes Lob und Entzücken! Eine Politikerin, und sie sagt so etwas. Sie weiß das nicht, aber sie gehört zu unserer Familie.

Die Deutschen sind ein sehr gutes Volk. Sie sind genauso Menschen wie wir. Politik ist Politik. Menschen sind Menschen. Ich habe das selbst erfahren. Ich verfolge die aktuelle Politik, natürlich. Und mir gefällt sehr, dass Merkel und Putin eigentlich immer einen Kompromiss finden. Aber der Druck auf Deutschland ist sehr groß, so wie ich das sehe. Amerika tut alles, um uns und Europa auseinanderzubringen.

Ich muss zurück auf die Station, aber eines erzähle ich Ihnen noch: Letzten Sommer ging ich durch die Puschkinstraße hier in Rostow und traf meinen Nachbarn von gegenüber. Er war mit einem hochgewachsenen jungen Mann unterwegs. Er sagte: ›Hallo Galja!‹ Ich sagte auch: ›Hallo.‹ – ›Galja, ich muss dir diesen jungen Mann vorstellen.‹ Er hieß Willi oder Hans, ich erinnere mich nicht genau. ›Galja, er kommt aus Deutschland, er hat Verwandte in Rostow. Und das ist Galja Kapustina, die Frau von …‹ Aber da unterbrach der Willi oder Hans oder wie auch immer ihn und sagte: ›Was? Kapustina? Die Frau von dem Kapustin, der die Heldentat vollbracht hat? Seine Geschichte müssen Sie mir nicht erzählen. Lassen Sie mich sie erzählen.‹ Und dann hat der Deutsche gesagt: ›Wir lernen das in der Schule. Egal ob klein oder groß, alle wissen von dieser Heldentat. Wir sind dafür sehr dankbar, wir halten die Erinnerung lebendig.‹ Er hat das von ganzem Herzen gesagt.

Und nun grüßen Sie Deutschland! Und kommen Sie jederzeit wieder. Danke für Ihr Interesse an der Heldentat.«

4 Das Gedenken
West-Berlin

Auf fünf Spuren rauscht der Verkehr über die Brücke am Stößensee. Die Bäume des Grunewalds sind grün belaubt. Der Tag ist fast windstill. Das Wasser der Havel ist so grau wie auf den alten Schwarz-Weiß-Bildern vom Tag des Absturzes der Jak-28P. Wie in Zeitlupe übt eine Segelschule Mann-über-Bord-Manöver. Stehpaddler ringen um Balance. Ein Kanu steuert auf die schmale Brückendurchfahrt zu. Neben Motor- und Segelbooten liegen große Hausboote und Flöße. Die Stege sind seit jenem Tag im April 1966 noch mehr geworden, und auch Bäume und Büsche sind größer und üppiger. Von den nur wenige hundert Meter entfernten Wohnhäusern ist nichts zu sehen.

Am Brückengeländer hängt eine Gedenktafel. Die Tafel ist unscheinbar. Man muss schon sehr genau hinsehen, um sie überhaupt wahrzunehmen. Die Buchstaben sind graugrün angelaufen und haben fast die gleiche Farbe wie das Brückengeländer. Die wenigen Fußgänger gehen meist achtlos vorüber, ein Bauzaun versperrt den Blick. Der Zaun steht hier seit Jahren, angeblich damit Autofahrer sich nicht über den Fußgängerweg am Stau vorbeimogeln können. Ein Schildbürgerstreich, der vor allem Satiriker erfreut. Vor der Tafel hat jemand zwei Nelken in den Betonfuß des Bauzauns gesteckt.

»Heute wissen die Kinder in Berlin nicht einmal, dass es hier einen Absturz gegeben hat«, sagt der Spandauer Heimatkundler Karl-Heinz Bannasch. »Nur die älteren Mitbürger erwähnen das Ereignis immer mal wieder. Für sie war es damals ja auch ein sehr einschneidendes Erlebnis. Da stürzt in West-Berlin eine sowjetische Maschine ab. Das hat noch mal allen die Bedrohung in den Zeiten des Kalten Krieges gezeigt.« Die Wut auf die sowjetischen Besatzer war so groß,

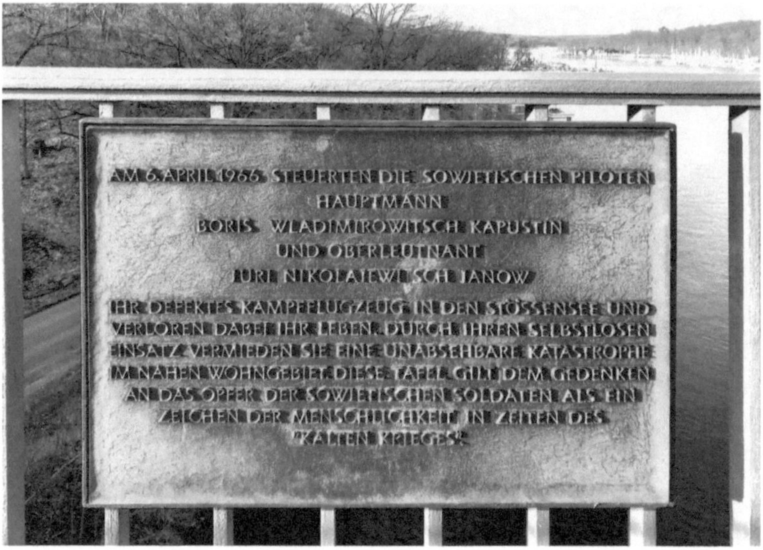

Die Gedenktafel am Stößensee

dass die Tafel auch viele Jahre nach dem Absturz nur gegen massive Widerstände angebracht werden konnte. »Ich kann Ihnen verraten, dass dieser Flugzeugabsturz in der gängigen Literatur nicht erwähnt wird«, berichtet Bannasch. Er selbst könne sich an den Vorfall überhaupt nicht erinnern. Bannasch ist in Spandau aufgewachsen und war im April 1966 sieben Jahre alt. »Meine Erinnerungen fangen erst mit der Mondlandung an und das auch nur deshalb, weil unser Wohnzimmer an dem Tag voller Menschen war. 1969 hatte ja nicht jeder einen Fernseher, und die, die einen hatten, haben alle Nachbarn eingeladen, damit die das Ereignis auch angucken konnten.« Mit der Mondlandung überholten die USA die Sowjetunion im Wettlauf um die Vorherrschaft im Weltall. »Aber als jemand, der sich mit der Stadtgeschichte Spandaus beschäftigt, weiß ich natürlich von dem Absturz der Jak. Der Stößensee ist sehr, sehr klein. Ich will nichts in diese Sache hineininterpretieren. Ich möchte den Soldaten gern unterstellen, dass sie größeren Schaden abgewendet haben.« Haben die Piloten es geschafft, den Düsenjäger kontrolliert in den Stößensee zu lenken, oder war es Zufall?« Seine Aufgabe als Historiker sei es, Fragen zu stellen. Bannasch will sich nicht festlegen. »Wir wissen es nicht. Ich bin bei solchen Dingen sehr vorsichtig. Es gibt für beide Theorien sehr gute Argumente, und als Historiker muss es mir erlaubt sein, beide zu erwähnen.« Bannasch ist anzumerken, dass es ihm unangenehm ist, die Heldengeschichte der Piloten infrage zu stellen, wenn doch die Angehörigen noch leben. Seiner Meinung nach ist es wohl eher ein tragischer Unfall gewesen. »Wenn ich mit einer neuen Maschine, die noch nicht hundertprozentig ausgereift ist, über dicht besiedeltes Gebiet fliege, muss ich damit rechnen, dass etwas passiert. So kann man das auch sehen.«

Als Kapustin und Janow im April 1966 abstürzten, gärte es in der westdeutschen Gesellschaft bereits. »Was damals passierte, wurde bald von anderen Ereignissen überdeckt«, erläutert Bannasch. »Wer keine persönliche Beziehung dazu hatte, hat das schlicht und ergreifend vergessen.« Überall in der Verwaltung saßen noch immer alte Nazis (übrigens in Ost und West). Die Nachkriegsgeneration begehrte gegen die Autoritäten auf, die Studentenbewegung gewann an Stärke.

Die Studenten protestierten 1968 auch gegen den Krieg, den die USA in Vietnam führten. In West-Berlin, wo die USA spätestens seit der Luftbrücke als *die* Schutzmacht gegen die Sowjetunion galten, stießen sie damit in weiten Teilen der Bevölkerung auf vehemente Ablehnung. Wenn der Antikommunismus ein Zentrum hatte, dann in West-Berlin, der Frontstadt gegen den realen Sozialismus und den expansiven Anspruch der kommunistischen »Weltrevolution«. Doch die meisten Studenten waren aus der Bundesrepublik zugereist und hatten für die Dankbarkeit der West-Berliner den Amerikanern gegenüber nur wenig Verständnis.

Die beiden sowjetischen Piloten Boris Kapustin und Juri Janow hatten in der zerrissenen Gesellschaft der ausgehenden Sechzigerjahre in keinem der beiden Lager eine Lobby. Die West-Berliner Antikommunisten hätten niemals zwei Sowjets geehrt, die Studenten hätten allenfalls Ehrungen von Guerillas, die gegen den »US-Imperialismus« kämpften, gutgeheißen.

In dieser Stimmung schlug im Mai 1968 das erste Mal ein West-Berliner vor, Kapustin und Janow mit einer Gedenktafel zu ehren.

»An den Bürgermeister des Verwaltungsbezirks Charlottenburg,
Herrn Günter Spruch
Berlin, den 22. Mai 1968

Sehr geehrter Herr Bürgermeister,
es wird Ihnen gewiß erinnerlich sein, daß vor etwa 2 Jahren ein sowjetisches Militärflugzeug in den Stößensee gestürzt war und daß hierbei die beiden Piloten des Flugzeugs den Tod fanden.

Über das Ereignis und über die Vorgänge bei der Bergung der Flugzeugtrümmer und der beiden Toten ist damals in unseren Zeitungen nicht nur in sachlicher Tonart berichtet worden. Es waren auch die einschlägigen Äußerungen des seinerzeit im Amt befindlichen Regierenden Bürgermeisters von Ungeschicklichkeiten nicht frei. Die Kommentare fanden indessen ein rasches Ende, als bekannt wurde, daß die beiden Offiziere ihre zu Schaden gekommene Maschine bewußt und unter Hintansetzung ihres Lebens in den Stößensee gelenkt hatten – ein Fallschirmabsprung hätte den Aufprall des Flugzeugs in einer Straßengegend und eine Gefährdung von Menschenleben unter unseren Mitbürgern zur höchstwahrscheinlichen Folge gehabt.

Meinen Sie nicht auch, Herr Bürgermeister, daß es für die zuständigen beschlußberechtigten Körperschaften eine ehrenvolle Aufgabe wäre, dafür zu sorgen, daß die Erinnerung an diese Tat ungewöhnlicher Selbstaufopferung durch die Aufstellung einer Gedenktafel an den Ufern des Stößensees oder unweit davon festgehalten wird?

Für eine gefällige Stellungnahme zu meinem Anliegen würde ich Ihnen dankbar sein.

In vorzüglicher Hochachtung
Th. Baensch«

Bezirksbürgermeister Günter Spruch hatte es eilig, sich aus der Verantwortung zu ziehen, und leitete den Vorgang an den Regierenden

DER REGIERENDE BÜRGERMEISTER VON BERLIN
- Senatskanzlei -
1 Berlin 62 - Schöneberg
John-F.-Kennedy-Platz

I B 1/ - 1432/5-2

Berlin, den 10. März 1969
Tel.: 78 01 3312

An die
40. Internatsschule
Leningrad L 16
Tramwainij Pereulok 19
UdSSR

Liebe Mädchen und Jungen!

~~Ihr~~ Euer Schreiben ist am 13. Januar 1969 beim Bezirksamt Spandau in West-Berlin eingegangen und mir zugeleitet worden.

~~Ihnen~~ Euch ist sicher bekannt, daß der ~~neue~~ damalige Regierende Bürgermeister von Berlin, Willy Brandt, – jetzt Außenminister der Bundesrepublik Deutschland – in Rundfunk- und Fernsehansprachen im April 1966 den Tod der beiden sowjetischen Fliegeroffiziere gewürdigt hat. Er sagte wörtlich:

> "Vor knapp drei Wochen ist ein zweistrahliges sowjetisches Militä-rflugzeug in den Stößensee gestürzt. Dabei kamen die beiden Flieger Kapustin und Janow ums Leben. Wir können davon ausgehen, daß die beiden in den entscheidenden Minuten die Gefahr eines Absturzes in dicht besiedelte Wohngebiete erkannt und deshalb in Absprache mit ihrer Bodenstation die Maschine in den Stößensee gesteuert haben. Das bedeutete den Verzicht auf die eigene Rettung. Ich sage das in dankbarer Anerkennung des Opfers, durch das eine Katastrophe vermieden wurde."

Weitere Angaben, unter welchen näheren Umständen die beiden Offiziere ums Leben gekommen sind, kann ich leider nicht machen. Die Bergungsarbeiten geschahen unter der Verantwortung der britischen Militärbehörden in Anwesenheit von sowjetischen Offizieren. Die deutschen Behörden haben keinerlei Informationen erhalten.

Ich verstehe jedoch ~~Ihren~~ Euren Wunsch und darf diese Gelegenheit benutzen, ~~Ihnen~~ Euch einige Fotografien zu übersenden, welche am Unglücksort aufgenommen worden sind und die Bergungsarbeiten darstellen.

Mit vorzüglicher Hochachtung
Im Auftrage
(Dr. ~~Heidelmeyer~~)

Verunsicherung bei den Berliner Behörden: Wie beantwortet man Post aus Leningrad?

Bürgermeister von Berlin weiter: »Das Bezirksamt hat sich in seiner Sitzung am 27.5.1968 mit dieser Anregung beschäftigt und ist zu der Auffassung gekommen, daß diese Angelegenheit wegen der besonderen politischen Bedeutung an Sie abgegeben werden sollte. Ich wäre dankbar, wenn Sie dem Einsender einen endgültigen Bescheid erteilen würden.«

Der Regierende Bürgermeister hieß mittlerweile Klaus Schütz, Sozialdemokrat wie seine Vorgänger. Willy Brandt war in die Bundespolitik gewechselt, sein direkter Nachfolger, Heinrich Albertz, nach weniger als einem Jahr wegen eines umstrittenen Polizeieinsatzes gegen die Demonstranten beim Schah-Besuch und des Mordes an dem Studenten Benno Ohnesorg zurückgetreten. Auch der Innensenator und der Polizeipräsident hatten sich nicht im Amt halten können.

Ein Mitarbeiter von Bürgermeister Schütz vermerkte zackig: »Wurde am 16.7.68 im Senat mit folgendem Ergebnis erörtert: Zur Zeit aus politischen Erwägungen unzweckmäßig. Nochmalige Prüfung in einem Jahr, und zwar vor dem Jahrestag.« Mehrere Entwürfe für das Antwortschreiben wurden zusammengestrichen. Am Ende erhielt Theodor Baensch einen kurzen Dank für sein Schreiben, einen Verweis auf die Würdigung der Piloten durch Willy Brandt kurz nach dem Absturz und dazu den Hinweis: »Eine weitergehende Ehrung in dem von Ihnen vorgeschlagenen Sinne scheint nicht geboten. Ich werde die Angelegenheit jedoch im Auge behalten.« Eine Kopie der Antwort ging an den Charlottenburger Bezirksbürgermeister Spruch mit der Bitte, dass auch er es damit vorerst auf sich beruhen lassen möge.

Doch so einfach wurden sie den Fall Kapustin und Janow nicht los. Post aus der Sowjetunion zwang die Senatskanzlei bald, sich erneut mit dem Thema zu beschäftigen. Ein Brief der 40. Internatsschule in Leningrad, handschriftlich verfasst auf einem linierten, aus einem Schreibheft herausgelösten Din-A5-Bogen, ging Anfang 1969 bei der Stadtverwaltung in Spandau ein. Der Bezirksbürgermeister von Spandau verfuhr wie zuvor sein Charlottenburger Kollege und schickte den Brief umgehend »zuständigkeitshalber« weiter an die Senatskanzlei, inklusive einer »Übersetzung aus der russischen Sprache«:

»Liebe deutsche Genossen!
Die Pioniere der Gefolgschaft unserer 40. Leningrader Internatsschule, welche um die Ehre kämpft, die Namen Boris Wladislawowitsch Kapustin und Juri Nikolajewitsch Janoff tragen zu dürfen, grüssen Euch auf das Herzlichste mit dem Pioniergruss!

1966 starben diese zwei Flieger und retteten dadurch Euere Stadt. Wir sammeln Stoff über diese zwei heldenmütigen Piloten.

Wir wenden uns an Euch mit einer grossen Bitte: Ihr wisst besser als irgendjemand anderes, unter welchen Umständen diese Flieger umkamen. Wahrscheinlich gibt es bei Euch irgendwelches Material, das uns geschickt werden könnte. Wir wissen sehr gut, dass Ihr uns die Originaldokumente nicht schicken könnt, und bitten Euch, uns Kopien der Dokumente zu schicken. Wenn es möglich ist, dann schickt uns Photographien sowie Ausschnitte aus Zeitungen und Illustrierten.

Wir bitten Euch, zu berichten, wie sich die Einwohner Euerer Stadt gegenüber der Heldentat dieser Flieger verhielten.

Es grüssen Euch auf das Herzlichste mit dem Leningrader Gruss
die Pioniere der 40. Internatsschule!

Im Auftrage der Pioniere der Gefolgschaft der 40. Internatsschule der Stadt Leningrad:

Schenja Artschukowskaja
Galja Kapustina
Lena Worotnikowa
Ludmila Witschuschakina
O.W. Witschuschakin, Pionier-Obergefolgschaftsführer
Der Erzieher: A. Ka…off – Rest des Namens unleserlich«

Die Absender seien offensichtlich von dem Irrtum ausgegangen, dass Spandau »zum Sowjetsektor gehört«, vermutete ein Referent des Regierenden Bürgermeisters und empfahl, das Auswärtige Amt in Bonn zu unterrichten. In der abgeschotteten West-Berliner Welt schien es vielen undenkbar, dass sowjetische Schüler überhaupt an den Klassenfeind schrieben, und dann noch mit diesen Worten. Die Senatsverwaltung ließ die Landesbildstelle einige Fotos vom Absturzort kopieren, verwies einmal mehr darauf, dass Willy Brandt die Piloten öffentlich gewürdigt habe und ansonsten die Briten zuständig seien, ließ alles ins Russische übersetzen und schickte die Absage den »Lieben Mädchen und Jungen« »in vorzüglicher Hochachtung« nach Leningrad. Selbstverständlich unterzeichnete diesen Brief nicht der Regierende Bürgermeister Klaus Schütz persönlich, sondern ein Mitarbeiter.

Etwa zur gleichen Zeit wandte sich ein Student der Freien Universität an Schütz. Wolfgang F. Dalchow schrieb jedoch nicht an das Schöneberger Rathaus, sondern an den benachbarten RIAS, c/o »Wo uns der Schuh drückt«:

»Sehr verehrter Herr Regierender Bürgermeister!
Ich bin Berliner FU-Student und wende mich zum ersten Mal an Sie, weil mir die Frage kam: In welcher Weise ehrt Berlin die beiden sowjetischen Piloten, die vor 5 Jahren in den Stößensee stürzten, um nicht Zivilisten zu schädigen oder in den Tod zu ziehen?!

Willy Brandt hat in dieser Sendereihe dieser beiden – oder waren es drei? – Piloten gedacht, die Einzelheiten sind mir nicht erinnerlich. Fest steht, daß diese Männer mehr als ihre Pflicht taten, als sie nach Erkennen des Maschinenschadens ihre Maschine in das Wasser steuerten.

Sollte nicht Berlin, vertreten durch den Regierenden Bürgermeister, den Familien dieser Männer an deren Todestag ein greifbares Zeichen der menschlichen Verbundenheit zukommen lassen? Es braucht durchaus nicht in der Dimension ›Luftbrückendank‹ zu liegen, aber dennoch für die betroffenen Familien auch eine materielle Besserung ihrer Situation sein; Berlin sollte ruhig einige tausend Mark aufwenden!

Ich nehme an, sehr verehrter Herr Schütz, daß gerade Sie als früherer Staatssekretär im Auswärtigen Amt wissen, welche Möglichkeiten in solch einer Geste des menschlichen Mitgefühls stecken und welche Rückwirkungen dies auch auf das Verhalten der ostdeutschen Grenzposten haben könnte. Die Einzelheiten einer solchen Aktion auszudenken, überlasse ich gern Ihren Experten; ich möchte nur darauf hinweisen, daß die Berliner Bevölkerung damals mit Zustim-

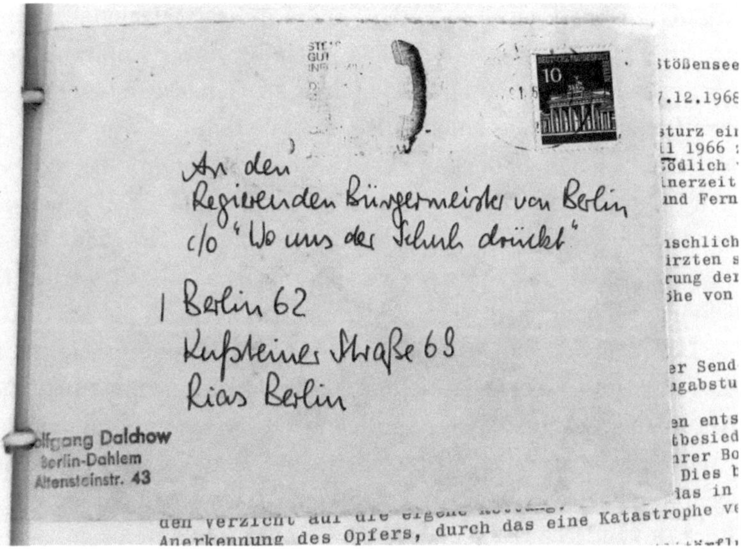

»Wo uns der Schuh drückt«: Anfrage eines Studenten

mung Willy Brandts Worte der Verbundenheit und Dankbarkeit vernommen hat, und daß wir erwarten, daß dem nun auch Taten folgen.

Wie gesagt, ich kann mich hier nicht über Details auslassen; ich möchte nur an Sie, sehr verehrter Herr Regierender Bürgermeister, die dringende Bitte richten, entsprechende Schritte zu veranlassen. Denn eine Besserung der Berliner Situation können wir bekanntlich nur durch und mit den Sowjets, nicht aber gegen sie erreichen. Voraussetzung dafür ist natürlich ein entspanntes, menschliches Klima, wozu Sie mit einer solchen Geste beitragen könnten!

Ich richte diesen Brief mit Absicht an die Adresse des RIAS, weil ich annehme, daß dort fähige Referenten sitzen, die meine Anregung aufgreifen werden. Als FU-Student werde ich jedenfalls die ›Bearbeitung‹ meines Schreibens mit Aufmerksamkeit verfolgen.«

Das klang fast wie eine Drohung und war vielleicht auch so gemeint. Klaus Schütz beantwortete auch diesen Brief nicht persönlich. Ein Referent unterschrieb die erwartbare Ablehnung. Die Vorschläge seien eingehend geprüft worden. »Eine in einem Geldbetrag ausgedrückte Geste des menschlichen Mitgefühls nach immerhin sehr geraumer Zeit würde wahrscheinlich in die Gefahr geraten, mißverstanden zu werden. Es könnte allzu leicht der Eindruck entstehen, als wolle der Senat notleidenden sowjetischen Bürgern Wohltaten erweisen. Da indessen nicht vermutet werden kann, daß die Angehörigen der beiden Piloten keine ausreichende Versorgung beziehen, und da andererseits das erwähnte Mißverständnis nicht auszuschließen ist, scheint es nicht ratsam, Ihrer Anregung zu folgen.«

Der Antwort war ein interner Schriftwechsel vorausgegangen. In ihm wurde noch ein anderes, für die damalige Zeit symptomatisches Argument bemüht: Eine »unmittelbare Kontaktaufnahme mit den Angehörigen« komme »nicht in Betracht. Vielmehr müßte eine Zuwendung über das Auswärtige Amt und die Botschaft der UdSSR in Bonn/Rolandseck geleitet werden. Weiterhin wäre Voraussetzung für eine derartige Anerkennung die Zustimmung der Alliierten. Einer Einschaltung des Auswärtigen Amtes und der Sowjetbotschaft in Bonn stünde allerdings die bekannte sowjetische Auffassung entgegen, daß eine Vertretung Berlins durch den Bund unzulässig ist und daher das Auswärtige Amt nicht für Berlin in Beziehung zu anderen Staaten tätig werden kann.« Der Viermächtestatus band der Regierung von West-Berlin nicht nur die Hände, bisweilen diente er auch als Vorwand, nicht selbst entscheiden zu müssen.

Das Verhältnis der meisten West-Berliner zu den Westalliierten blieb auch nach 1968 freundschaftlich. »Am beliebtesten waren die Amerikaner«, sagt der Spandauer Lokalhistoriker Bannasch, »dann kamen die Briten und dann mit leichtem Abstand die Franzosen.« Das hatte Gründe. Briten und US-Amerikaner mischten sich unter die Bevölkerung, gingen in Kneipen, suchten Kontakt zu den Berlinern. »In den Sechziger- und Siebzigerjahren wurde zum Beispiel dazu aufgerufen, alleinstehende britische und amerikanische Soldaten zu Weihnachten und zu Ostern in deutsche Familien einzuladen. Bei uns war ein Matt Madlock. Zu ihm hatten wir noch jahrelang Kontakt, sogar als er längst wieder in Großbritannien war.« Mit den Franzosen dagegen seien die West-Berliner nie so richtig warm geworden. »Die Franzosen haben es bei ihren Volksfesten bewenden lassen. Wenn es keine persönlichen Kontakte gibt, dann läuft auch nichts.«

Darüber, dass die Rote Armee nicht ohne Grund in Deutschland war, über die Verbrechen, die Deutsche auf dem Gebiet der ehemaligen Sowjetunion begangen hatten, wurde in jenen Jahren wenig gesprochen, erinnert sich Bannasch. Auch in seiner Familie war das Thema tabu. »Ich gehöre noch zu der Generation, die Väter, Brüder oder Onkel hatten, die Soldaten im Zweiten Weltkrieg waren. Durch Zufall ist mir mal das Soldbuch meines Vaters in die Hand gefallen. Er wollte das bestimmt nicht, sonst hätte er ja darüber gesprochen. Als ich gesehen habe, wo er gewesen war und was er erlebt hatte, musste ich erst mal tief durchatmen.« Bannasch spricht von den Gräueln, die Deutsche angerichtet haben. »Aber man muss natürlich auch da differenzieren. Die Männer kamen mit ihren Erlebnissen wieder zurück und sollten plötzlich ein normales Familienleben vorgaukeln. Da war es schon ein Unterschied, ob man an der norwegischen Front gewesen war oder an der russischen. Das liegt natürlich auch an den Deutschen, die diesen unmenschlichen Kriegszug selbst begonnen haben, und die Russen haben sich schlicht und ergreifend revanchiert. Das ist menschlich vollkommen zu verstehen.«

Mit der Zeit fanden sich immer mehr Menschen mit der deutschen Teilung halbwegs ab. Bis im November 1989 die Mauer fiel. Nicht mal ein Jahr später, im September 1990, unterzeichneten die Bundesrepublik Deutschland und die Deutsche Demokratische Republik mit den vier Siegermächten Sowjetunion, Frankreich, Großbritannien und den Vereinigten Staaten von Amerika den Zwei-plus-Vier-Vertrag, der völkerrechtlich als Friedensvertrag gilt. Die Nachkriegszeit und der Kalte Krieg waren zu Ende, Deutschland erlangte die volle Souveränität zurück. Das vereinte Berlin wurde wieder Hauptstadt, der Generalsekretär der untergehenden Sowjetunion, Michail Gorbatschow, »Gorbi«, bekam einen festen Platz in den Herzen der Deutschen.

Kurze Zeit nach dem Zwei-plus-Vier-Vertrag brach die Sowjetunion auseinander. An ihre Stelle traten unabhängige Staaten, von denen sich die meisten zu einer Art Behelfsbündnis, der Gemeinschaft Unabhängiger Staaten, kurz GUS, zusammenschlossen. In den Folgejahren zog die Sowjetarmee, die nun GUS-Armee hieß, aus Deutschland ab. Laut Zwei-plus-Vier-Vertrag sollte der letzte Soldat der Westgruppe das vereinte Deutschland spätestens Ende 1994 verlassen.

Die Beziehung der Deutschen zu »den Russen«, denn als solche subsummierten sie fälschlicherweise alle Sowjetbürger, egal ob Georgier, Russen, Ukrainer oder Angehörige anderer ehemaliger Sowjetrepubliken, wandelte sich in diesen Jahren grundlegend. Die Sowjetunion war gegen Ende ihres Bestehens nicht mehr in der Lage gewesen, ihre Bevölkerung ausreichend zu versorgen, und nach ihrem Auseinanderbrechen verschlimmerte sich die Situation noch. Nicht wenige Deutsche wollten nun »den Russen« helfen, ähnlich wie die Amerikaner der deutschen Bevölkerung nach dem Zweiten Weltkrieg geholfen hatten. Viele sahen darin auch die Chance, wiedergutzumachen. Man konnte nun endlich auch nach Russland reisen und Freundschaften knüpfen. Städtepartnerschaften wurden intensiviert, und als Not herrschte, waren viele Bundesbürger nahezu glücklich, sich dankbar zu zeigen. Sie spendeten, luden kranke Kinder aus der Gegend von Tschernobyl ein, unterstützten den Aufbau von Kinderheimen, schickten Anfang der Neunzigerjahre Hilfspakete in das einstige Reich des Bösen.

Auch in Spandau änderte sich die Einstellung zu »den Russen«. Die »Spandauer Roller«, eine Selbsthilfegruppe von Rollstuhlfahrern, sammelten Spenden für St. Petersburg. Die Konditorei Fester am Spandauer Markt zeigte Pastellbilder eines russischen Künstlerpaares aus der Taiga, aus dem Kaukasus, von der Krim und aus dem Pamir-Gebirge, das *Spandauer Volksblatt* empfahl die Ausstellung fälschlicherweise als »Rundreise durch Russland«.

Die Angst und die Wut der West-Berliner auf die einstigen sowjetischen Besatzer wich Mitleid. Viele kannten den erbärmlichen Anblick der sowjetischen Kasernen, in denen die Soldaten hausen mussten, von den Fahrten auf der Transitstrecke. »Es gab bei uns nicht die Sicht von den Sowjets als schlechten Menschen«, betont der Stadtteilhistoriker Bannasch. »Das sind Menschen, die das Pech hatten, in ein bestimmtes System hineingeboren zu sein. Ich kann auch niemandem vorwerfen, dass er in ein religiöses System hineingeboren wurde.«

In dieser Atmosphäre sah der Berliner Konrad Tybus den richtigen Moment gekommen, um erneut an Boris Kapustin und Juri Janow zu erinnern und eine Gedenktafel für die beiden Piloten zu fordern. Beschäftigt hatte ihn die Geschichte des Flugzeugabsturzes schon lange. Tybus wurde 1928 in Berlin geboren. Seine jüdische Mutter schickte ihn als Achtjährigen allein mit seinem Bruder nach England, als sogenanntes Kofferkind. Dort entwickelte Konrad Tybus einen starken Gerechtigkeitssinn, den er sich auch nach seiner Rückkehr nach Berlin in den Fünfzigerjahren bewahrte und der ihn bis ins hohe Alter antrieb. Immer wieder setzte er sich in Zehlendorf an seine Schreibmaschine, verfasste Leserbriefe an Zeitungen, schrieb an Bezirkspolitiker, forderte Engagement und Auseinandersetzung mit der deutschen Geschichte. Auch das Unglück von 1966 ließ ihn nie los.

»›Die Piloten hätten in die Hochhäuser fliegen können, es hätte viele Opfer geben können, es ist ungerecht, dass West-Berlin das nie anerkannt und gewürdigt hat.‹ Das hat er immer gesagt«, erinnert sich seine Tochter Susanne Hähnel-Tybus. Die Leserbriefe ihres Vaters in dieser Sache liefen lange Zeit ins Leere. Im Herbst 1991 wandte sich Tybus kurzerhand direkt an die Außenstelle der damals noch Sowjetischen Botschaft Unter den Linden. Es war das Jahr, in dem sich der Absturz zum 25. Mal jährte, und Tybus hatte sich etwas Besonderes ausgedacht. Er war ein begeisterter Hobbymaler, und so malte er den Sowjets ein Bild, ein Aquarell, zwar nicht vom Absturzort Stößensee, aber vom Sowjetischen Ehrenmal in Berlin Treptow, der größten Gedenkanlage für den »Großen Vaterländischen Krieg«, wie der Krieg 1941 bis 1945 in Russland genannt wird, außerhalb der Sowjetunion. Mehr als 7.000 Soldaten, die im Kampf um Berlin ums Leben kamen, sind dort bestattet. Stalin-Zitate säumen die Anlage. Das Denkmal korrespondiert mit dem gigantischen Mahnmal in Wolgograd, dem ehemaligen Stalingrad. Dort steht, 33 Meter hoch, die Mutter Heimat auf einem Hügel. Mit geöffnetem Mund schwingt sie das Schwert zum Kampf. »Nach Berlin«, steht in der Ehrenanlage an der Wolga. In Berlin ist es ein Soldat, der das Schwert gesenkt hat. Unter seinen Füßen liegt ein zertretenes Hakenkreuz, auf dem Arm hält er ein Kind.

Dem Aquarell legten Konrad Tybus und seine Frau ein Begleitschreiben an die Botschaft bei, von dem ein Entwurf erhalten ist:

»Konrad + Karin Tybus

Niemand hat größere Liebe denn die
daß er sein Leben läßt
für seine Freunde

Vor rund 25 Jahren haben zwei Söhne Ihres Volkes ihr Leben für den Fortbestand vieler Spandauer Bürger geopfert. Sie sind in dem von ihnen gelenkten defekten Flugzeug geblieben, um diese quasi ›Fliegende Bombe‹ zur Sicherheit vieler Spandauer Bürger in den Stößensee zu steuern.

Diese Söhne Ihres Volkes haben der
Menschlichkeit
Nächstenliebe
Solidarität
Verantwortungsbewußtsein
den Vorrang vor ihrer eigenen Sicherheit eingeräumt und unzähligen Menschen dadurch das Leben gerettet.

Auch ohne Denkmal oder Plakette wird diese Tat nicht in Vergessenheit geraten.

Als einen Dank und in Erinnerung an diese beiden jungen Menschen möchte ich Ihnen meine Abbildung des Denkmals in Berlin-Treptow überreichen und Sie bitten, nach Ihrem Verständnis darüber zu verfügen.

Ein Platz bei der Einheit, der diese jungen Männer einst angehörten, wäre ein schöner Platz für das Bild.

Sollten Mitglieder der Familien dieser beiden Piloten für Sie erreichbar sein, bitte ich Sie, ihnen eine Übersetzung unseres Briefes mit freundlichen Grüßen zu übermitteln.«

Die Sowjetunion sollte im Herbst 1991 nur noch wenige Wochen existieren. Und so verzögerte sich die Angelegenheit erst einmal. Unterdessen schritt die Annäherung zwischen Ost und West weiter voran. Als die Spandauer am 4. Februar 1992 ihre Lokalzeitung aufschlugen, lachten ihnen die Präsidenten Russlands und der USA in legerer Kleidung entgegen. Boris Jelzin hielt ein Paar Cowboystiefel in den Händen, das ihm George Bush gerade zum Geburtstag überreicht hatte. »Ich betrachte ihn als Freund«, sagte der Gastgeber bei dem Gipfeltreffen auf seinem Landsitz in Camp David. »Wir sagen Boris, wir sagen George, und dies sagt eine Menge«, pflichtete Jelzin bei. Die Weltpolitik war auf Entspannungskurs, und das schlug sich auch in der Lokalpolitik nieder. Der Spandauer Bezirksbürgermeister, der Sozialdemokrat Werner Salomon, lud sogar eine Delegation der Roten Armee ein. Zwanzig Rekruten aus Russland, Belarus und der Ukraine besichtigten die Stadt, aßen zu Mittag im Spandauer Ratskeller und stießen mit dem Bürgermeister an. Vor diesem Hintergrund änderte sich schließlich auch die Einstellung der Spandauer Politiker zum Absturz der Jak in den Stößensee. Fast 26 Jahre nach dem Unglück beschloss die Bezirksverordnetenversammlung, eine Gedenktafel für Boris Wladislawowitsch Kapustin und Juri Nikolajewitsch Janow anzubringen. Tybus' Beharrlichkeit hatte sich ausgezahlt. Strittig war nur noch die Inschrift. Zunächst sollte sie zweisprachig sein, doch das gefiel nicht allen. Auf Skepsis stieß auch der letzte Satz des Entwurfs: »Diese Tafel gilt dem Gedenken an das Opfer der sowjetischen Soldaten als ein Zeichen der Menschlichkeit in Zeiten politischen Terrors.« Der Streit darüber zog sich Monate hin.

In der Zwischenzeit erhielt Konrad Tybus Antwort von der Außenstelle der nunmehr Russischen Botschaft Unter den Linden. Sein Aquarell lag immer noch dort. Der stellvertretende Verteidigungsattaché nahm sich der Sache an. Im Mai 1992 fuhr er gemeinsam mit dem Ehepaar Tybus hinaus zum Hauptquartier der Westgruppe ins etwa fünfzig Kilometer entfernte Wünsdorf. Zu diesem Zeitpunkt hatten bereits die ersten 10.000 ehemals sowjetischen Soldaten Deutschland verlassen. Viele haderten mit ihrem Schicksal: Sie empfanden den erzwungenen Abzug als Niederlage, dabei hatte die Rote

SPANDAUER VOLKSBLATT SPANDAU 25. September 1992 9

Ehrentafel für Russen-Piloten

Rückblick auf das Drama von 1966

„Am 6. April 1966 stürzten die Soldaten der Sowjetunion **Hauptmann Boris Wladimirowitsch Kapustin** *und* **Oberleutnant Juri Nikolajewitsch Janow** *mit ihrem Kampfflugzeug in den Stößensee und verloren dabei ihr Leben. Durch ihren selbstlosen Einsatz haben die Piloten eine mögliche Katastrophe vermieden, indem sie ihr defektes Flugzeug von reinem Wohngebiet fernhielten.*

Fraktionen beraten den Text

Diese Tafel gilt dem Gedenken an das Opfer der sowjetischen Soldaten als ein Zeichen der Menschlichkeit in Zeiten politischen Terrors."

Volksbildungsstadtrat Gerhard Hanke (CDU) stellte auf der jüngsten Sitzung des Ausschusses für Schulwesen, Volksbildung und Kunst den Text für diese Ehrentafel vor. In den Fraktionen soll jetzt darüber beraten werden. Angelika Höhne von der GAL meldete wegen des letzten Satzes aber schon Bedenken an.

Das VOLKSBLATT hatte im Mai diesen Jahres an die Heldentat der beiden Piloten erinnert. Und berichtet, daß unser Leser Konrad Tybus als Dank für das Verhalten der beiden Piloten ein Bild des russischen Ehrenmals in Treptow gemalt und an den Oberbefehlshaber der GUS-Luftstreitkräfte in Deutschland, Generalleutnant Tarassenko, übergeben hat. Das Ölbild hat einen Ehrenplatz im Museum der 16. Luftarmee erhalten.

Was war am 6. April 1966 – einem Donnerstag – geschehen? Um 15.40 Uhr rief eine Leserin mit zitternder Stimme in der Lokalredaktion des VOLKSBLATT an: „Da ist ein Flugzeug abgestürzt. Irgendwo im Grunewald." Ein Dr. Engel, der am Stößensee an seinem Boot arbeitete, kurz darauf: „Ein Geräusch. Ich schaue hoch. Die Maschine kippt, rast mit einer Halbspirale steil ins Wasser. Teile spritzen auf der Oberfläche hoch. Vor Schreck lief ich rückwärts ins Wasser."

Die Berliner Feuerwehr und für jeglichen Verkehr gesperrt worden.

Das Heckteil der Maschine ragt aus dem Wasser: Kyrillische Buchstaben sind zu erkennen. Taucher berichten, daß die Kanzel verschlossen sei. Das heißt: Die Piloten haben das Flugzeug nicht per Fallschirm verlassen.

Scharfer Protest der Stadtkommandanten

der beiden Piloten werden erst in den Nachtstunden geborgen. In der Zwischenzeit hatten die Sowjets versucht, die Unglücksstelle mit bewaffneten Soldaten zu umstellen. Das konnten die Westalliierten verhindern. Die drei Stadtkommandanten protestieren sofort scharf.

Die sowjetische Nachrichtenagentur TASS berichtet, daß die beiden Piloten in 4000 Meter Höhe die Kontrolle über das Flugzeug verloren hatten. Beide hatten aber noch abge-

Auch 1992 kein einfaches Thema: Die Ehrentafel für Kapustin und Janow

Armee doch den Krieg gewonnen. In der Heimat erwartete sie eine unsichere Zukunft, die Lebensbedingungen würden mit hoher Wahrscheinlichkeit schlechter sein als in Deutschland.

Der Oberbefehlshaber der 16. Luftarmee, Generalleutnant Anatoli Fjodorowitsch Tarassenko, nahm sich Zeit für das Zehlendorfer Ehepaar. Begleitet von einem Reporter des *Spandauer Volksblatts,* führte er die Gäste durch das hauseigene Museum in Wünsdorf. Dort überreichte Konrad Tybus dem Kommandeur sein Aquarell: »Ich habe niemals gehört, dass jemand mehr für Menschen getan hat, die er nicht gekannt hat. Leider ist das im Kalten Krieg nicht richtig verstanden worden. Mir lag das immer auf dem Magen. Wir sind zu Dank verpflichtet.« Tarassenko versicherte, »die friedliche Bevölkerung Deutschlands« sei »niemals als Gegner betrachtet« worden. »Das sind keine leeren Worte, das ist die Realität.« Das Bild werde einen besonderen Platz im Museum in Wünsdorf erhalten, sodass alle jungen Offiziere es sehen könnten. Dem *Spandauer Volksblatt* versicherte der Generalleutnant, eine Delegation der 16. Luftarmee werde an der

Enthüllung des Bildes teilnehmen. Anschließend gab Tybus den russischen Militärzeitungen *Luftverteidiger* und *Roter Stern* Interviews, dann ging man essen im »Café Flug«: Pelmeni und Piroggen, russische Teigtaschen, dazu Wodka – ironischerweise aus England.

Im April 1993 war es dann endlich so weit: An einem Freitagvormittag enthüllte der neu ins Amt gekommene Spandauer Bezirksbürgermeister Sigurd Hauff, auch ein Sozialdemokrat, die Gedenktafel für Kapustin und Janow. Allerdings weitgehend unter Ausschluss der Öffentlichkeit. Weder die Initiatoren Konrad und Karin Tybus waren dazu eingeladen, noch Vertreter der GUS-Armee. Das *Spandauer Volksblatt* war erbost:

»Das Rathaus kneift: Russen waren nicht erwünscht

Peinlich, peinlich: Bei der Einweihung der Gedenktafel für die beiden sowjetischen Piloten, die 1966 ihr Leben für die Spandauer Bevölkerung opferten, fehlten Vertreter des neuen Rußland. Das Rathaus hatte sie nicht eingeladen. Absichtlich nicht! Dabei hatte Hauff-Vorgänger Werner Salomon noch vor Jahresfrist dem kommandierenden General der 16. GUS-Luftarmee mitteilen lassen, er werde ihn zu den geplanten Feiern einladen. (…) Den Versuch, russische Militärvertreter einzuladen, habe man nicht sehr intensiv verfolgt, erklärte Volksbildungsstadtrat Gerhard Hanke. Und Bürgermeister Hauff verwies darauf, daß es auch kritische Stimmen gegeben habe, da der Absturz zur Zeit des Kalten Krieges erfolgte, als sowjetische Kampfflugzeuge regelmäßig über der Stadt die Schallmauer durchbrachen. Deshalb sei ihm nicht an einem militärischen Zeremoniell gelegen gewesen, er sei jedoch froh, die Heldentat jetzt auf diese Weise gewürdigt zu haben. So erfuhren auch die in Berlin und den neuen Bundesländern stationierten Russen nichts von der Ehrung ihrer Landsleute. Denn auch die russischen Medien in Deutschland waren nicht verständigt worden.«

Der Reporter Rainer W. During, der Karin und Konrad Tybus nach Wünsdorf begleitet hatte, schrieb dazu einen gepfefferten Kommentar.

»Keine Courage gezeigt

Spandaus Kommunalpolitiker haben Courage gezeigt, als sie auch gegen kritische Stimmen die Anbringung der Gedenktafel für die beiden russischen Piloten an der Stößenseebrücke beschlossen. Denn tobte 1966 auch der Kalte Krieg, sollten die Berliner damals durch die Überschallflüge über dem Stadtgebiet ›mürbe‹ gemacht werden, so war die Heldentat der beiden Offiziere, die ihre Maschine auch einfach hätten per Fallschirm verlassen können, ein Akt der Menschlichkeit.

Das zu würdigen, braucht sich gerade heute, in einer Zeit der Freundschaft und Verständigung, niemand zu schämen. Umso kleinkarierter war die Entscheidung im Spandauer Rathaus, auf eine Einladung russischer Militärvertreter zu verzichten. Nachdem vor Jahresfrist der damalige Bürgermeister noch ausdrücklich eine Einladung angekündigt hatte, muß dieses Verhalten den positiven Charakter der Gedenktafel eher ins Gegenteil umkehren, von den Russen als ein Schlag ins Gesicht empfunden werden.

Überall auf der Welt ist es üblich, die Angehörigen und/oder Vertreter der Dienststellen posthum geehrter Personen zur entsprechenden Feier zu bitten. Aber da hatte man im Spandauer Rathaus wohl Angst vor der eigenen Courage. Eine ›Ehrung zweiter Klasse‹ haben Hauptmann Kapustin und Oberleutnant Janow aber nicht verdient.«

Auch Konrad Tybus setzte sich erneut an die Schreibmaschine und machte seinem Ärger in einem offenen Brief Luft:

»Sehr geehrter Herr Bürgermeister Hauff!

In der vergangenen Woche habe ich zufällig erfahren, daß eine Plakette, die an den Tod der zwei Piloten erinnert, die sich und ihr Flugzeug in den Stößensee stürzten, montiert wurde. Ich habe mir die Plakette vor Ort angesehen und finde sie in der Aufmachung und im Text würdig und angemessen.

Unwürdig ist das Verfahren, das angewendet wurde bei der Aufstellung dieser Erinnerungsplakette. Daß die Einweihung quasi unter Ausschluß der Öffentlichkeit geschah, dokumentiert m.E., daß die

Ausführenden nicht hinter dem standen, was sie taten. Hierüber hinaus wird eine Zusage, die dem ersten Repräsentanten der russischen Luftwaffe gegenüber gemacht wurde, ihn bzw. einen von ihm zu bestimmenden Vertreter zu der öffentlichen Einweihung einzuladen, gebrochen. Die mir mitgeteilte Begründung dieser Unterlassung, ›... es gibt eine erhebliche Anzahl von Menschen, die gegen eine derartige Erinnerungsplakette sind ...‹, ist beschämend.

Es handelt sich hier um eine Maßnahme, über die – soweit mir bekannt – im Bezirk abgestimmt und beschlossen wurde. Die seinerzeit ausgesprochene Einladung an den Vertreter der russischen Luftwaffe erfolgte – sofern mir bekannt – einvernehmlich mit dem damaligen Bezirksamt. Also wäre entsprechend der Originalabsicht vorzugehen gewesen oder, wenn Sie als Bezirksbürgermeister den Verlust der Stimmen von rechts fürchteten, hätten sie die ganze Aktion sein lassen müssen. Soweit ich die Angelegenheit sehe, stellt die Erinnerungsplakette keine politische, sondern eine menschliche Würdigung dar. Ist es in Spandau so weit, daß wie z. B. in Rostock, wenn Teile der Bevölkerung gegen etwas sind, die Verwaltung und bzw. ihre Organe kuschen?

Konrad M. Tybus, Zehlendorf.«

Tybus spielte auf die Ereignisse in Rostock-Lichtenhagen an. Dort hatte ein Mob 1992 unter Beteiligung Hunderter Rechtsradikaler ein Asylbewerberheim überfallen und in Brand gesteckt. Polizei und Feuerwehr hatten sich unter dem Druck der Menge zeitweilig komplett zurückgezogen und die Bewohner des brennenden Hauses schutzlos alleingelassen.

Das *Spandauer Volksblatt* druckte Tybus' offenen Brief ab, was wiederum den Leser P. Behm dazu brachte, die Redaktion anzuschreiben:

»Russen nicht dabei ist doch kein Skandal!

Ich betrachte es nicht als einen Skandal, daß die Russen zur ›Enthüllung der Spandauer Gedenktafel‹ nicht eingeladen wurden. Ich finde es vielmehr zumindest geschmacklos, diese Tafel überhaupt angebracht zu haben. Diejenigen, die sich nun für die Ehrung der beiden Piloten aussprechen, müssen wohl entweder zu junge Leute sein, um sich an die Schallmauer-Terroraktionen überhaupt erinnern zu können, oder es sind Menschen, deren Wohngebiet damals von der Knallerei ausgespart wurde (möglicherweise das Zehlendorf des Herrn Tybus), oder einfach Opportunisten, die, wenn die Lage es erlaubt, sich mutig zu Wort melden. Diese beiden Piloten waren bejahende Befehlsempfänger, sie hatten sich der Anordnung der Vorgesetzten nicht widersetzt (was man doch gelegentlich soll, nicht wahr?), sondern steuerten ihren gefährlichen Überschallflug über Westberliner Territorium munter drauflos, nur sie hatten ihr Flugzeug eben nicht in der Gewalt. Vorrausetzend, daß die Herren During und Tybus und andere über Schallmauer, Tempo und Zielrichtung Bescheid wissen, meine ich, daß bei dieser Geschwindigkeit keine Möglichkeit mehr bestand, in der relativ kurzen Entfernung zwischen Scholzplatz und Stößenseebrücke die Richtung im Sturzflug zu ändern, also von den Engländern an der Heerstraße weg zu den Deutschen am Rupenhorn und dann, sich heldenhaft aufopfernd, das Flugzeug gezielt in den menschenleeren Stößensee zu befördern. Nein, auch diese beiden Flieger haben uns Westberliner schikanieren sollen und wollen und waren im Begriff, einen gepfefferten Knall anzubringen. Dabei müssen sie ihren Abstand zum Boden überschätzt, die zum Knall erforderlich Geschwindigkeit unterschätzt oder die Daten auf dem Armaturenbrett ganz einfach mißverstanden haben, eine für die Russen – damals sagte man Sowjets – tragische Angelegenheit.

Daß Herr Salomon für eine Zeit, in der er – wie er gewußt haben dürfte – nicht mehr im Amt sein wird, dem russischen General eine Einladung versprochen hat, das ist seine Sache; denn schließlich mußte er seinen Nachfolger höchstamtlich über Terminkalender und Akten informieren. Aber vielleicht ist der befreundete General inzwischen abberufen worden oder man hat ›bei unseren Freunden‹ (Terminus in Ostdeutschland) mit der unseligen Vergangenheit des Kalten Krieges nichts mehr am Hut (kleiner Wink genügt).

In den Papierkorb gehören meiner Ansicht nach allerdings Pseudo-Argumentationen wie die des Herrn Tybus. Ausführungen dieser geistigen Qualität möchten nämlich – so einfach ist das heute – alles vom Tisch wischen und den Autor von vornherein ins Recht setzen, indem ›Rechts‹ und ›Rostock‹ erwähnt werden. Unter Deutschen und Russen gibt es gute und böse Exemplare, eine Binsenweisheit. Diese beiden Piloten gehörten m.E. nicht zu jenen Menschen, die man in dieser Weise ehren müßte.«

Die Reaktion des Lesers P. Behm zeigt, dass mit dem Ende der Sowjetunion und der Vereinigung eben nicht alles plötzlich harmonisch war. »Damals wurden zwar viele Plaketten in Berlin angebracht, aber die Würdigung von Kapustin und Janow blieb umstritten«, bestätigt Bezirkshistoriker Bannasch. Er hat Verständnis für die Vorbehalte der Spandauer gegenüber der Ehrung der sowjetischen Piloten auch so viele Jahre später: »Viele von uns hatten Verwandte im Umland, die wir in der ersten Zeit der Teilung gar nicht besuchen konnten. Dafür haben wir nicht nur die DDR verantwortlich gemacht, sondern auch die Sowjetunion. Deswegen war der Blick auf die Russen immer negativ, auch dadurch, dass wir hier in Spandau dicht an der innerdeutschen Grenze wohnten.«

2019 war der Bezirk Spandau schließlich bereit, einem sowjetischen Offizier die ihm gebührende Ehre zu erweisen, drei Jahrzehnte nach dem Ende des Kalten Krieges, 74 Jahre nach dem Ende des Zweiten Weltkrieges: An seinem hundertsten Geburtstag wurde ein Weg an der Spandauer Zitadelle nach Wladimir Gall benannt. Gall war Hauptmann der Sowjetarmee und sprach hervorragend Deutsch. Am 1. Mai 1945 war er als Dolmetscher dabei, als ein sowjetischer Major in der Zitadelle mit Offizieren der Wehrmacht und der SS verhandelte, die sich in dem alten Gemäuer verschanzt hatten. Mit ihnen harrten Hunderte Zivilisten aus. Die Verhandlungen führten dazu, dass die Deutschen die Festung kampflos übergaben. Das rettete den Zivilisten vermutlich das Leben. »Gall hat die Frauen damals gewarnt, nicht nach Hause zu gehen, sondern noch eine Weile in der Zitadelle zu bleiben. Er hat sie damit vor Vergewaltigungen bewahrt«, sagt Bannasch, der sich intensiv mit dem Hauptmann beschäftigt hat. Gall setzte sich nach Kriegsende für Völkerverständigung mit den

Gut versteckt: Die Gedenktafel am Stößensee

Deutschen ein. Auch dafür wurde er geehrt. Der Wladimir-Gall-Weg ist nicht weit vom Stößensee entfernt. »Es hat in den letzten Jahren eine Differenzierung gegeben«, sagt Bannasch. »Man fragt heute, ob jemand menschlich aufgetreten ist.« Er bleibt dabei: »Bei den beiden sowjetischen Piloten wissen wir nicht, ob sie menschlich gehandelt haben, aber sie hatten einen tragischen Tod, den wir niemandem wünschen.«

Wie also mit dem Andenken an die Piloten umgehen? »Man sollte aufhören, solche Vorgänge zu überhöhen«, sagt Bannasch. »Man sollte versuchen, herauszubekommen, wie sich das abgespielt hat und wie die Begleitumstände waren. Und dann ist es auch gut. Es ist ein glücklicher und tragischer Umstand, dass nur zwei Menschen zu Tode gekommen sind und nicht noch sehr viel mehr.«

Die unscheinbare Tafel an der Stößenseebrücke ist übrigens fehlerhaft: Der Vatersname von Boris Kapustin lautet nicht Wladimirowitsch, wie es dort steht, sondern Wladislawowitsch.

5 Der Sohn
Moskau

In der Sowjetunion wurden die Unterlagen zum Absturz der Jak-28P, darunter der Bericht einer staatlichen Untersuchungskommission, als geheim eingestuft. Sie sind zum Teil bis heute nicht öffentlich. Was in den wenigen Augenblicken zwischen dem Versagen der Triebwerke und dem Aufprall im Stößensee an jenem Apriltag 1966 im Cockpit geschah, ist auch deshalb bis heute nicht zweifelsfrei geklärt. Doch es gibt einen Menschen, der die Akten einsehen durfte: Waleri Borissowitsch Kapustin, der Sohn des Piloten, bekam vor Jahren eine Sondergenehmigung.

Waleri Kapustin wohnt mit seiner Frau in einer gesichtslosen Hochhaussiedlung im Südwesten Moskaus. Er ist ein großer, kräftiger Mann und wirkt im Vergleich zu seiner kontaktfreudigen Mutter fast ein wenig schüchtern. Eine sorgfältig frisierte Yorkshire-Terrierin springt ihm im engen Flur um die Füße. Ihr hohes Alter hindert sie nicht, den Besuch aufgeregt anzukläffen. »Sie tut nichts. Kommen Sie rein.« Kapustin hat das Lächeln seiner Mutter geerbt. Beruflich ist er in die Fußstapfen seines Vaters getreten, und zwar bei den strategischen Raketentruppen, dem Stolz des sowjetischen Militärs. Dort hatte er verschiedene Führungsposten in der politischen Arbeit und in der Ausbildung inne. Später wurde er Dozent an der Russischen Akademie für Volkswirtschaft und Staatsdienst beim Präsidenten der Russischen Föderation, einer Kaderschmiede für Staatsbeamte. Mit sechzig Jahren ist er längst Rentner, die russische Armee entlässt ihre Offiziere früh in den Ruhestand. Doch er lehrt weiterhin an der Fakultät für nationale Sicherheit.

In der Küche hat seine Frau Raissa den Tisch gedeckt. »Sie trinken doch Tee mit uns?« In Russland ist das meist eine Untertreibung.

Niemand, der etwas auf sich hält, serviert nur Tee. Auf Platten liegen Käse, Tomaten und Wurst, dazu gibt es selbst eingelegte Pilze und Auberginen. Im Fernseher läuft eine Unterhaltungsshow. Aus dem Fenster schauen Kapustins auf einen Wald. Der November 2018 ist für Moskauer Verhältnisse mild, der Winter nimmt noch Anlauf, aber die Bäume sind verschneit, die Autos auf dem Parkplatz vor dem Haus vereist. Kapustin streichelt die Hündin, ordnet die Puschel an ihren kleinen Pfoten. Schließlich hört sie auf zu kläffen. Nach einem Stück Torte ziehen wir zum Gespräch in eines der beiden Zimmer der kleinen Wohnung um. Kapustin bietet das Schlafsofa zum Sitzen an und rollt für sich selbst einen Schreibtischstuhl heran. Neben der Schrankwand steht Spielzeug der Enkelkinder. »Zu meiner Pensionierung bekam ich eine Dreiraumwohnung vom Staat«, erzählt er. »Aber wir haben sie vor ein paar Jahren gegen diese Wohnung eingetauscht. Wir brauchen nicht so viel Platz.«

»Hat Angela Merkel irgendetwas mit Ihrer Wohnung zu tun?«

Er holt tief Luft. »Ich weiß nichts von Merkel. Ich habe die Wohnung vom Verteidigungsministerium bekommen, weil sie mir zusteht. So eine Wohnung steht allen Offizieren zu, die in Pension gehen. Es ist lächerlich, zu glauben, dass irgendjemand Einfluss auf das Verteidigungsministerium hätte nehmen können«, sagt Kapustin, »das schafft nicht mal die Bundeskanzlerin.« Kollegen hätten ihm hin und wieder geraten: »Schreib doch an die Vorgesetzten. Du bist der Sohn eines Helden, bitte darum, dass du bevorzugt behandelt wirst, eine größere Dienstwohnung bekommst oder schneller befördert wirst.« Er habe das immer abgelehnt. Darauf ist er stolz. Je älter er wurde, desto weniger wollte er als Sohn eines Helden gelten.

»Mein Vater liebte Kinder. Er war ein gütiger Mensch. Er hat mich nie bestraft, und wenn er mich zurechtwies, dann tat er das so, dass bei mir keine Kränkung zurückblieb. Das konnte er gut, auch im Umgang mit anderen Menschen.« Kapustin wuchs im Bewusstsein auf, dass sein Vater ein Held war. Dafür sorgte schon seine Mutter. Nach der Rückkehr aus Deutschland schickte Galina Kapustina ihren Sohn auf dieselbe Schule, die auch sein Vater in Rostow am Don besucht hatte und die bald nach dem Unglück nach ihm benannt wurde. »Ich ging jeden Tag an der Büste meines Vaters vorbei und war unter ständiger Beobachtung und unter Druck. Ständig hing es über mir wie ein Damoklesschwert: Ich darf nicht schlechter sein als mein Vater, ich darf seinen Namen nicht beschmutzen, egal was passiert. Auch im Alltag.« Andererseits hatte es auch Vorteile, in der auf Helden fixierten Gesellschaft der Sowjetunion Sohn eines Helden zu sein, selbst wenn dieser nicht mit einem ganz hohen Orden ausgezeichnet worden war: »Mir wurde nichts verboten.«

Nach zwei Jahren wechselte er die Schule. Der Druck war zu hoch.

Später mussten die Kinder der Schule Nr. 51 sogar auf Boris Kapustin schwören:

SCHWUR DER »KAPUSTIN-KINDER«:

Mit meinem Eintritt in die Reihen der ›Kapustin-Kinder‹ schwöre ich feierlich im Angesicht meiner Kameraden:

- das Andenken an die Heldentat von Boris Wladislawowitsch Kapustin zu wahren,
- den Traditionen und Regeln der Bildungseinrichtung zu folgen,
- danach zu streben, mit Siegen und Leistungen beim Lernen und im Sport weiterhin den Ruhm der Schule zu mehren,
- den hohen Titel eines ›Kapustin-Kindes‹ mit Ehre und Stolz zu tragen.

Ich schwöre!

Allmählich kehrte etwas Normalität in Waleris Leben ein. Der Junge fand das gut. »In den ersten drei Jahren sind auch noch viele Offiziere, die gemeinsam mit meinem Vater gedient haben, bei uns zu Hause vorbeigekommen und haben sich erkundigt, wie es uns geht. Aber ansonsten haben wir eher unauffällig gelebt.«

Die gesellschaftliche Verpflichtung blieb. Von klein auf begleitete Waleri seine Mutter zu Gedenkfeiern zu Ehren der »Heldentat«. Zum Beispiel nach Leningrad in die Internatsschule Nr. 10, deren Schüler im Januar 1969 den Brief an den Bürgermeister von Spandau geschrieben und um Material gebeten hatten. Er wurde ins Fernsehen eingeladen. »Ich ging bereits auf die Fachhochschule für technische

Führungskräfte der Raketenstreitkräfte. In der Sendung ging es um Erinnerungen an Väter. Sie lief landesweit im Ersten Kanal«, erinnert sich Kapustin. »Es waren auch Kinder von Kosmonauten da, und die Sängerin Edita Pjecha sang das Chanson *Ogromnoje nebo.*«

Ogromnoje nebo – Der riesige Himmel: Das Lied erzählt die Geschichte Kapustins und Janows als die von zwei Freunden, die gemeinsam dienten, den riesigen Himmel im Herzen trugen und die Sterne mit den Händen greifen konnten. Sie müssten springen, sang Pjecha mit melancholischem Blick, aber dann werde das leere Flugzeug auf die Stadt stürzen und Tausende Menschen aus dem Leben reißen. Schon schimmern Häuserdächer auf, die Freunde versuchen, einen Wald zu erreichen, dann der dramatische Höhepunkt: »Wenn wir auch sterben, wenn wir auch sterben, wenn wir auch sterben – wir retten die Stadt.« Pjecha gewann mit dem Chanson gleich drei Goldmedaillen beim Internationalen Jugend- und Studentenfestival 1968 in Bulgarien. Im Lied erzittert ein Birkenwald von einer Explosion. Ihn sucht man am Stößensee vergeblich, doch eine Explosion ist sicher spektakulärer als ein Sturz in den Schlamm. Am Ende liegen die – wie es heißt – »ausgezeichneten Burschen eines ausgezeichneten Landes« im Grab und der riesige Himmel schaut feierlich auf sie hinab. Bei der Mythenbildung sind historische Details nicht allzu wichtig, und Kapustin und Janow dienten dem Dichter nur als Inspiration. Der Text stammt von Robert Roschdestwenski.

Fast alle älteren Menschen in Russland erinnern sich an das Lied und an die wilde Zeit, in der sie jung waren. Denn auch in der Sowjetunion veränderte sich in den Sechzigerjahren einiges. In Moskau stand Nikita Chruschtschow an der Spitze des Zentralkomitees der KPdSU. Die Chruschtschow-Ära war eine Zeit der Reformen nach den Jahrzehnten des Terrors gegen die eigene Bevölkerung und des allumfassenden Personenkults um Stalin. Es war eine Zeit, in der Denkmäler gestürzt wurden, wenn auch nur die von Stalin.

Der Aufbruch unter Chruschtschow schlug sich auch in der Kultur nieder. In den Sechzigerjahren füllten in der Sowjetunion junge Dichter ganze Stadien mit ihren Lesungen. Sie legten sich zwar nicht mit der Staatsmacht an, arbeiteten aber den Zweiten Weltkrieg zumindest etwas ehrlicher auf. Sie besangen Helden, ignorierten aber nicht die Opfer. Sie knüpften an die Beatniks in den USA und teils an die französischen Existenzialisten an. Roschdestwenski war mit seinen Gedichten und Chansontexten Teil dieser Bewegung. Er war zwar nicht mehr ganz jung, aber entschlossen, etwas anderes zu schreiben, als in der Stalinzeit verlangt worden war. Und er bewunderte die Sängerin Edita Pjecha. Pjecha war in einer polnischen Familie in Frankreich zur Welt gekommen, später mit ihrer Mutter nach Polen gezogen und in den Fünfzigerjahren zum Studium nach Leningrad gegangen. Als sie in ihrer ersten Silvesternacht in der UdSSR mit einem polnischen Ensemble im Konservatorium auftrat und das Lied *Autobus czerwony* sang, »Ein roter Bus«, wurde sie schlagartig berühmt. Sowjetische Dichter rissen sich darum, für sie zu schreiben. Robert Roschdestwenski hat es geschafft.

Waleri Kapustin nahm es immer sehr mit, das Lied *Ogromnoje nebo* zu hören. »Es kamen einfach zu viele Erinnerungen hoch. Aber natürlich waren der Text und die Komposition sehr gut.«

Als junger Mann wirkte Waleri Kapustin auch an einem sowjetischen Dokumentarfilm über seinen Vater mit. Der Regisseur wollte an Originalschauplätzen drehen. Der Sohn sollte deshalb nach Finow zurückkehren und auch an den Stößensee fahren. »Aber da war ich schon Geheimnisträger, ich durfte gar nicht ins westliche Ausland.« Die Szene am See wurde schließlich im Moskauer Umland gedreht. »Ich sitze am Ufer, gucke nachdenklich und tue so, als würde ich mich erinnern. Ich habe getan, was man von mir wollte. Die Fotos, die bei den Dreharbeiten entstanden, erschienen später in der Armeezeitung *Krasnaja Swesda*. Es wirkte so, als sei ich tatsächlich an dem See gewesen, in den das Flugzeug gestürzt ist.«

Statt nach West-Berlin reiste Waleri Kapustin durch die baltischen Sowjetrepubliken. Die militärisch-politische Fachhochschule in Riga, die er inzwischen besuchte, organisierte 1979 eine Agitationsreise durch das Baltikum. Es war das Jahr, in dem die Sowjetunion in Afghanistan einmarschierte. »Es ging darum, Schulabgänger für eine Ausbildung in der Armee zu begeistern.« Dafür war die Geschichte Kapustins und Janows gut genug. »Wir besuchten verschiedene

Städte in Estland, Litauen und Lettland. Mich nahmen sie mit, damit ich von der Heldentat meines Vaters erzählte.« Insgesamt aber blieb das Gedenken an Kapustin und Janow in der Sowjetunion halbherzig. »Offiziell hat sich niemand gekümmert, weder die Behörden, noch die Partei«, sagt Kapustin. »Es waren immer Enthusiasten, die die Initiative ergriffen: Menschen, die diese Heldentat zutiefst bewegt hat. Sie sehen es als eine Art freiwillige Selbstverpflichtung. Auf ihren Schultern ruht das Gedenken, sie sorgen dafür, dass es lebt.« Doch auch sie wurden immer weniger. Als die Sowjetunion schließlich auseinander- und die Lebensmittelversorgung zusammenbrach, waren die meisten Menschen ohnehin mit sich und dem schwierigen Alltag beschäftigt. Das Schicksal seines Vaters nahm einen immer kleineren Teil in Waleri Kapustins Leben ein.

Bis auch er am 7. Februar 1997 die Geschichte in der *Komsomolskaja Prawda* las. »Damals gab es ja noch keine Mobiltelefone und in der Metro lasen alle Zeitung. Weil sich nicht jeder eine Zeitung leisten wollte und die Menschen dicht gedrängt beieinanderstanden, war es so: Wenn einer eine Zeitung hatte, guckten ihm zehn Leute über die Schulter und lasen kostenlos mit. Sie sahen als Erstes die Überschrift und den Untertitel: ›So hätte der Dritte Weltkrieg beginnen können. Nichtöffentliche Fakten der Geschichte.‹ Natürlich klang das interessant«, sagt Kapustin. Mit Schrecken las er die äußerst kreative Neuinterpretation des Geschehens: Nicht nur das Datum des Absturzes, auch der Abflugs- und der Zielort des Fluges waren falsch, die Absturzstelle stimmte nicht, und schlussendlich hefteten die Autoren Kapustin und Janow auch noch den Orden des Roten Sterns an, nicht den Rotbannerorden.

Die Menschen in Russland dürsteten in jener Zeit nach jeglicher Art von Informationen, die sich von der jahrzehntelangen trockenen sowjetischen Propaganda abhob. Ehemals verbotene Dissidentenliteratur stieß ebenso auf Interesse wie schlechte Telenovelas, Sendungen fragwürdiger Fernsehärzte und Skandalgeschichten aller Art. Der Wahrheitsgehalt spielte dabei oft eine untergeordnete Rolle.

Kapustin lehrte damals an der Akademie der strategischen Raketentruppen. »Alle in meinem Umfeld wussten, dass ich der Sohn eines Fliegerhelden bin. Auf einmal lesen sie in einer landesweiten Zeitung, dass mein Vater nicht nur kein Held war, sondern ein Arschloch.« Jetzt ging es plötzlich nicht mehr um die Frage, was für einen Orden Kapustin und Janow bekommen oder ob sie ein Denkmal verdient hatten. Es ging um die Ehre seines Vaters. Die Heldengeschichte, die einen wesentlichen Teil von Waleri Kapustins Leben ausgemacht hatte, drohte von einem Moment auf den anderen in sich zusammenzubrechen. Das Verteidigungsministerium schwieg zu der Veröffentlichung. »Eigentlich hätten offizielle Stellen klagen müssen«, sagt Kapustin rückblickend. »Schließlich suggerierte der Artikel, dass der Staat einen Bösewicht und Rowdy posthum geehrt hatte.« Warum das Ministerium trotzdem nichts unternahm, ahnt er nur: »Wenn sich bestätigt hätte, dass die Piloten den Absturz durch Übermut selbst herbeigeführt haben, dann hätte man sich vielleicht dafür interessiert, wer für ihren Übermut verantwortlich war. Vielleicht hatten ihre damaligen Vorgesetzten sie schlecht ausgebildet?« Die Verantwortung auf andere zu schieben war in der Sowjetunion in der Zeit noch ausgeprägter als in anderen Gesellschaften. Sich wegzuducken und andere anzuschwärzen, ehe man selbst in den Fokus geriet, war die Lehre, die die Bevölkerung aus der Zeit des Großen Terrors der Stalinzeit und des Krieges gezogen hatte und die noch lange nachwirkt.

Waleri Kapustin und seiner Mutter war schnell klar, dass sie gar keine andere Wahl hatten, als selbst gegen die *Komsomolskaja Prawda* vor Gericht zu ziehen. »Ich wollte aber nicht nur mit Emotionen argumentieren«, erzählt er in seiner Moskauer Wohnung. Und so beantragte er, Akten einsehen zu dürfen. Er benötigte belastbare, nachweisbare Fakten. Seine Kollegen an der Akademie rieten ab: »Wühl in der Geschichte nicht herum. Es könnte herauskommen, dass es wirklich an den Piloten gelegen hat. Dass sie irgendeinen Quatsch gemacht haben.« Sogar seine Freunde aus dem Studium an der Militärakademie sahen ihn schief an. »Sie verstanden nicht, warum mir die Sache wichtig ist.« Kapustin ging zu seinem Vorgesetzten, bat ihn um Unterstützung. Auch dort holte er sich eine Abfuhr. »Dem Führungspersonal war über Jahrzehnte eingeschärft worden, dass, was gedruckt ist, stimmt; dass, was in der Zeitung steht, zumal in einer landesweiten, grundsätzlich wahr ist. Individuell durfte man von dieser Wahrheit halten, was man wollte, aber offiziell war kein Zweifel zugelassen.« Kapustin atmet tief durch. Er sei auf eine Mauer aus Desinteresse gestoßen, sagt er. »Wer hat sich damals schon für die Wahrheit interessiert? Es blieb an unserer Familie hängen, die Ehre meines Vaters zu verteidigen.« Und dann überkamen ihn doch noch Zweifel. »Ich habe damals auch gedacht: Was mache ich, wenn auf einmal herauskommt, dass man nur so getan hat, als sei es eine Heldentat gewesen? Wenn sich herausstellt, dass da ein virtuelles Idol geschaffen wurde, um die nachfolgenden Generationen mit einer angeblichen Heldentat zu erziehen? Es wäre mir sehr unangenehm gewesen, wenn ich ein halbes Leben geglaubt hätte, dass mein Vater auch in seiner letzten Minute an seinen Prinzipien von Humanismus und Menschenliebe festgehalten hat, und dies gar nicht gestimmt hätte.«

Die Sowjetunion hatte schon eine Reihe erfundener Heldengeschichten hervorgebracht. Am berühmtesten ist die Legende der 28 Panfilow-Infanteristen. Sie spielt im November 1941 in der Nähe von Wolokolamsk, etwa hundert Kilometer westlich von Moskau beim Dorf Dubossekowo. Dort sollen 28 sowjetische Soldaten der Einheit von Generalmajor Iwan Panfilow vier Stunden lang den Vormarsch der Wehrmacht aufgehalten haben, und das lediglich mit Handgranaten und Molotowcocktails. 18 deutsche Panzer hätten sie vernichtet, 27 Panfilowzy seien im Kampf gefallen, einer habe die Geschichte noch einem Reporter erzählt und sei anschließend gestorben, schrieb die Armeezeitung *Krasnaja Swesda* damals. 1942 erhielt Generalmajor Panfilow posthum den Orden Held der Sowjetunion. Bereits 1948 entlarvte der sowjetische Militärstaatsanwalt die Geschichte als plumpe Erfindung der Armeezeitung. Trotzdem wurde die Legende gepflegt, bis 2015 der Direktor des Staatsarchivs, Sergej Mironenko, das Ganze erneut als Fiktion bloßstellte. Sehr zum Missfallen des damaligen Kulturministers Wladimir Medinski. »Diejenigen, die mit ihren dreckigen fettigen Fingern in der Geschichte von 1941 herumwühlen«, schimpfte er nach den Äußerungen des Archivchefs, »sollte man mit der Zeitmaschine in die Gräben von damals mit einer Handgranate gegen faschistische Panzer schicken. Meine Überzeugung: Man soll mit dem widerlichen Beschmutzen dieses Themas aufhören.« Der Direktor des Staatsarchivs räumte 2016 seinen Posten, offenbar unter Druck.

Für Medinski war die Sache damit noch lange nicht erledigt. 2018 behauptete er plötzlich, der Bericht des sowjetischen Militärstaatsanwalts von 1948 über die Panfilow-Infanteristen sei ungenügend, weil er sieben Jahre nach der Veröffentlichung in der Armeezeitung *Krasnaja Swesda* erschienen war. Außerdem seien neue Belege für die Richtigkeit der Geschichte aufgetaucht. Medinski stützte sich auf Dokumente der Russländischen Militärhistorischen Gesellschaft, der er selbst vorsteht. Die einflussreiche Organisation wurde 2012 vom Kultur- und vom Verteidigungsministerium auf Anordnung des russischen Präsidenten gegründet. Zu ihren Aufgaben gehört es unter anderem, historische militärische Errungenschaften populär zu machen, das Ansehen des Militärdienstes zu stärken sowie den Patriotismus in der Bevölkerung zu festigen. Auf ihrer Website wirbt die Militärhistorische Gesellschaft mit einem Zitat Wladimir Putins: »Wir müssen alles tun, damit die heutigen Kinder und überhaupt all unsere Bürger stolz darauf sind, dass sie Nachfolger, Enkel, Großenkel von Siegern sind. Damit sie die Helden ihres Landes und ihrer Familie kennen, damit sie verstehen, dass das ein Teil unseres Lebens ist.«

Die angeblichen Panfilow-Helden passen genau zu dieser Zielsetzung. Medinski erklärte im Amtsblatt der Regierung, der *Rossijskaja Gaseta*, es handele sich um eine »legendäre Geschichte«, die »eine wahre Geschichte geworden« sei. Es sei »amoralisch«, daran zu rütteln: »Diese Leute sind ehrlich für ihre Heimat gestorben«, sie seien Märtyrer. »Auf den Vorbildern und den Namen dieser zivilen Heiligen ruht unsere nationale Identität, im Großen und Ganzen die zivile und historische Einheit des Landes.« Medinski will ein positives Bild der Vergangenheit vermitteln, Helden helfen dabei, Fakten stören nur. 2016 war ein mit reichlich staatlicher Unterstützung produzierter Film über die 28 angeblichen Panfilow-Helden in die russischen Kinos gekommen. Auch der Regisseur des Films äußerte sich im Sinne der offiziellen russischen Geschichtspolitik: »Die Demaskierung und Entzauberung der Heldentaten ist sinnlos und unmoralisch.« Die Sache beschäftigte sogar den Sprecher des russischen Präsidenten, Dmitri Peskow. Er erklärte, er verlasse sich auf Kulturminister Medinski, und der habe versichert, der Film komme der Realität am nächsten: »Dieser Film ist besonders bedeutsam, wenn es um die historische Wahrheit geht.« Medinski freilich legte noch eins drauf. Er versprach, wer »mit der Suche nach Wahrheit diese Heldentaten infrage stellt, wird in der Hölle brennen«.

Mit der Wahrheit hat Medinski ein grundsätzliches Problem. So trägt er den akademischen Titel Professor, seine Habilitationsschrift wurde jedoch von Historikern abgelehnt. Die Wissenschaftler befanden sie für unwissenschaftlich. Dass Medinski den Professorentitel trotzdem führen kann, ist seiner politischen Position geschuldet.

Als Waleri Kapustin sich 1997 daranmachte, den Artikel in der *Komsomolskaja Prawda* zu widerlegen, war ihm bewusst, dass es schwierig und schmerzhaft werden könnte, die Wahrheit über den Absturz seines Vaters zu recherchieren. »Ich habe einen Brief an den Leiter des Zentralarchivs des Verteidigungsministeriums geschickt mit der Bitte, mir Zugang zu den Akten der staatlichen Untersuchungskommission zu gewähren, die nach dem Unglück eingesetzt wurde. Ich musste die Wahrheit erfahren.« Es ist mit hoher Wahrscheinlichkeit seiner Zugehörigkeit zum Militär zu verdanken, dass Kapustin, damals immerhin Oberst, die geheimen Akten im Zentralarchiv in Podolsk nahe Moskau tatsächlich einsehen durfte. »Der Chef des Archivs hat das auf seine eigene Kappe genommen und mir die Erlaubnis erteilt, obwohl ich den Dienstweg nicht eingehalten hatte.«

Waleri Kapustin stieß auf die nüchternen Berichte von Technikern, Medizinern, Militärfachleuten, nach Themen sortiert in mehreren Ordnern. »Die Arbeit hat mich sehr aufgewühlt.« Er suchte im Archiv vor allem nach Einzelheiten zur Absturzursache. Am wichtigsten waren ihm dementsprechend die Ordner mit den technischen Details und die Erkenntnisse, die die staatliche Untersuchungskommission daraus gewonnen hatte. Er arbeitete sich durch Stapel mit

Detailabbildungen des Unfalls. »Es hat mich große Überwindung gekostet, die Fotos zu betrachten, das gerichtsmedizinische Gutachten mit den genauen Beschreibungen der Verletzungen zu lesen«, erzählt er mit stockender Stimme. »Ich denke, das war eine kleine Prüfung für mich.«

Die Prüfung lohnte sich. Im Archiv, sagt er, fand er entscheidende Hinweise darauf, dass die Motoren aufgrund technischer Mängel ausgefallen waren. Und bald darauf erhielt er diese Information auch schriftlich. Das Archiv schickte ihm eine Auskunft für den Prozess gegen die *Komsomolskaja Prawda*: Zwei Druckseiten mit den wichtigsten Fakten. In dieser Auskunft steht schwarz auf weiß, dass die Triebwerke der Jak-28P wegen einer Unterbrechung des Luftstroms ausfielen. Das entscheidende Wort lautet: »Konstruktionsfehler«. Der Luftstrom im linken Triebwerk sei gestört worden, weil während des Fluges ein Rotorenblatt abriss, den Grund für die Störung im rechten Triebwerk habe man nicht finden können, heißt es in dem Schreiben. »Die Schlussfolgerung ist: Die Katastrophe geschah aufgrund von Konstruktionsfehlern. Schuld ist die Moskauer Maschinenbaufabrik ›Krasnyj Oktjabr‹, die schlechte Qualität produzierte.«

Die zweiseitige Archivauskunft enthält auch eine Abschrift des Funkverkehrs zwischen der Unglücksmaschine und der zweiten Jak, die in Finowfurt mit dem Ziel Köthen gestartet war. »Nach 12 Flugminuten oder 4 Minuten nach Erreichen der Flughöhe (…) gab Hauptmann Kapustin dem von ihm Geführten das Kommando ›Flieg nach rechts‹. Hauptmann Podberjoskin führte diesen Befehl aus, vergrößerte dabei den Abstand auf 100 Meter und bemerkte, als er das führende Flugzeug beobachtete, dass dieses begann zurückzufallen. Hauptmann Podberjoskin verstand dieses Zurückfallen als Wunsch des Führenden, die Position des Geführten einzunehmen, und setzte den Flug auf der Route fort. Nach 1 Minute und 27 Sekunden rief Hauptmann Podberjoskin den Führenden, als er ihn nicht mehr sehen konnte, per Funk auf, Verbindung aufzunehmen. Hauptmann Kapustin antwortete ›Ich höre‹, aber auf die Frage Podberjoskins, ob er ihn sehe, antwortete er ›Nein‹. Auf die folgenden Fragen antwortete Hauptmann Kapustin nicht.«

Waleri Kapustin fiel ein Stein vom Herzen: Sein Vater war diszipliniert geflogen. Gänzlich wich seine Anspannung aber erst, als das Gericht anderthalb Jahre später der Klage der Familie stattgab und bestätigte: Die Motorenfabrik trug Schuld an dem Absturz, nicht etwa ein angebliches Rowdytum seines Vaters. Die Ehre war wiederhergestellt.

Es bleibt die Frage, ob Kapustin und Janow die Maschine kontrolliert in den schmalen Stößensee lenken konnten. Waleri Kapustin berichtet von einem Transkript des Flugschreibers der Unglücksmaschine in den Unterlagen im Archiv. Demnach sagte Kapustin seinem Co-Piloten über die Bordsprechanlage:

»Jura, wahrscheinlich musst du jetzt springen.«

Janow antwortete: »Boris Wladislawowitsch, ich bleibe bei Ihnen.«

»Jura, spring!«

»Kommandeur, ich bleibe …«

Kurz darauf sprach Kapustin seine letzten Worte: »Ruhig, Jura, wir landen.«

In der zweiseitigen Auskunft des Archivs ist dieser Dialog zwischen den Piloten nicht enthalten, aber das kann damit zusammenhängen, dass er für den Gerichtsprozess, für die Frage nach dem Grund des Unglücks, irrelevant war. Stattdessen steht dort komplett ohne Zusammenhang ein Satz, der für die Absturzursache gleichfalls keine Rolle spielte: »In den Unterlagen gibt es keine Hinweise darauf, dass ein System zur Selbstzerstörung der Freund-Feind-Kennung eingebaut war.«

Eine Freund-Feind-Kennung ist ein Gerät, das genau das tut, was der Name verspricht: Es zeigt den Piloten bei einer Begegnung, ob sie es mit den eigenen Leuten oder mit dem Feind zu tun haben. Im engen Luftraum über der DDR, besonders zwischen West-Berlin und dem Bundesgebiet, in unmittelbarer Nähe zum Systemfeind, war das besonders wichtig, auch um im Fall eines Angriffs nicht die eigenen Kräfte zu beschießen. Die Freund-Feind-Kennung ist naturgemäß streng geheim, auf keinen Fall soll sie dem Feind in die Hände fallen. Deshalb waren alle sowjetischen Militärflugzeuge mit einem Selbstzerstörungsmechanismus für diese Kennung ausgestattet. In der Kanzel gab es außerdem einen Knopf, über den der Pilot die Zerstörung manuell aktivieren konnte.

Im Fall der Jak-28P von Kapustin und Janow funktionierte der Selbstzerstörungsmechanismus nicht. So fiel die Freund-Feind-Kennung in die Hände der Briten. Sie und ihre NATO-Partner dürften sich gefreut und die sowjetische Technik und ihre Funktionsweise sehr gründlich studiert haben. In der Folge musste die Sowjetunion das gesamte System erneuern, musste Flugzeuge, Panzer und Schiffe elektronisch umrüsten, und zwar nicht nur bei den eigenen Streitkräften, sondern im gesamten Warschauer Pakt. Das war nicht zuletzt ein gewaltiger finanzieller Aufwand und ein Schlag für die Sowjets. Dass das System zur Selbstzerstörung an Bord tatsächlich fehlte, wie das Archiv in der Auskunft an Waleri Kapustin schrieb, ist äußerst unwahrscheinlich. Darüber, weshalb die Verfasser das behaupteten, kann man nur spekulieren: Entweder wollten sie das Ansehen Boris Kapustins schützen, der den Knopf zur Zerstörung nicht gedrückt hatte; oder sie wollten mit dem Satz von dem Versagen des Militärs insgesamt ablenken und die Verantwortung auch in diesem Punkt auf die Ingenieure abwälzen.

Möglicherweise hatten Kapustin und Janow den Auslöseknopf nicht betätigt, weil sie hofften, das Flugzeug auf dem Wasser zu landen oder es vielleicht doch noch auf DDR-Gebiet zu schaffen. Mutmaßungen, der Havelschlamm habe den Aufprall so stark abgefedert, dass der Mechanismus nicht von selbst auslöste, sind wenig überzeugend. Vielleicht war die Bordelektronik einfach genauso fehlerhaft wie das Triebwerk.

Seit dem Gerichtsurteil 1998 hat Waleri Kapustin keine Zweifel mehr an der moralischen Integrität seines Vaters, und er findet, dass Boris Kapustin als Vorbild auch für die heutige russische Jugend taugt. Denn so viel stehe fest: »Kein Volk kann ohne Vorbilder leben.« Leider habe das unabhängige Russland bisher keine großen Helden hervorgebracht: »Auf wen kann die Jugend unseres Landes heute stolz sein? Etwa auf Tschubais?« Anatoli Tschubais zählt zu den jungen Reformern um Präsident Jelzin, die Russland nach dem Auseinanderbrechen der Sowjetunion Anfang der Neunzigerjahre radikale Wirtschaftsreformen verordneten und schon bald unter dem Druck der Bevölkerung gehen mussten, so unbeliebt war die von ihnen angestoßene Schocktherapie. »Diese Leute sind nicht gerade Leitfiguren, die sich eignen, eine Mentalität der Bevölkerung zu formen.«

Waleri Kapustin steht von seinem Schreibtischstuhl auf, öffnet den Wandschrank und holt einen Karton voller Orden hervor. Die meisten gehören ihm. Er klappt eine rote Schachtel auf. Ein großer und ein kleiner Anstecker mit den Fahnen der Sowjetunion und der DDR kommen zum Vorschein. Jetzt klärt sich auch die Frage nach dem deutschen Heldenorden für Boris Kapustin, von dem seine Mutter erzählt hat. »Die Regierung der DDR hat unsere Familie mit dem Abzeichen der Deutsch-Sowjetischen Freundschaft in Gold ausgezeichnet. Meine Mutter hat die Urkunde, ich habe die Medaillen.« Das Thema Orden scheint ihm unangenehm zu sein, er denkt lange nach, bevor er weiterspricht. »Bei der Größe des Ordens muss man das Heldentum auf der einen Seite und den technischen Verlust auf der anderen Seite gegeneinander abwägen«, erläutert er. »Möglicherweise hat die Führung damals überlegt, wie viel der Staat durch den Absturz der Jak materiell verloren hat. Der Flugzeugtyp war aussichtsreich, man hätte damit eine neue Stufe der Rüstung beginnen können, aber weil die Maschine dem Feind in die Hände gefallen war, war es nicht mehr sinnvoll, diesen Typ weiterzuentwickeln. Wenn man das alles in Geld umrechnet, kommt eine irre Summe dabei heraus. Wenn das Flugzeug dagegen explodiert wäre und nur Schrauben und Trümmer übrig geblieben wären, dann hätte es diesen Verlust nicht gegeben. Die Machthaber hätten der Bevölkerung ihr Beileid ausgesprochen, und das wäre es gewesen. Die damalige politische Führung wird nüchtern und herzlos abgewogen haben.« In der Sowjetunion waren die Prioritäten eindeutig. Ein Soldat hatte sein gesamtes Handeln der größeren Sache, dem Sieg der Sowjetmacht, unterzuordnen. Menschenleben waren dabei nicht viel wert.

»Von der Größe eines Ordens hing ab, ob und welche Denkmäler eine Person bekam«, erläutert Kapustin. Das alles war genauestens geregelt. Der Rotbannerorden, den sein Vater posthum erhielt, brach-

Heute für wenige Cent auf dem Flohmarkt zu haben: Waleri Kapustin mit dem Abzeichen der Deutsch-Sowjetischen Freundschaft

te in dieser Hinsicht fast nichts. »Als Held der Sowjetunion hätte er dagegen eine Büste in Rostow am Don bekommen, und vielleicht wäre sogar eine Militäreinheit nach ihm benannt worden. Die gesamte Palette. Das ist nicht passiert, aber es steht mir nicht an, das zu beurteilen.« Helden werden auch dadurch zu Helden, dass man Negatives bei ihrer Darstellung weglässt. Menschen in ihrer Ambivalenz zu würdigen, ist die große Kunst der Ehrung, denn es macht die Geehrten angreifbar. Kapustin wägt ab. Darüber, ob die »Heldentat« heute neu zu bewerten sei, müssten Politiker entscheiden. »Dafür gibt es Regeln. Aber wenn es Leute gibt, die das wollen, werde ich nicht sagen, dass ich dagegen bin.« Vielleicht taugt sein Vater gerade wegen einer solchen Ambivalenz als Vorbild.

Waleri Kapustin zeigt die Orden, die er selbst bekommen hat, von der Sowjetunion und vom russischen Staat. Die Medaille »Für untadelige Dienste in den Streitkräften der UdSSR«, III. Klasse, verliehen 1986, die Jubiläumsmedaille »70 Jahre Streitkräfte der UdSSR«, die

Medaille »Für untadelige Dienste in den Streitkräften der UdSSR«, II. Klasse. Die UdSSR existierte schon nicht mehr, da erhielt er 1997 die Medaille »Für hervorragende Dienste in den Streitkräften der UdSSR«, I. Klasse. Es ging weiter mit der Medaille »Zum Gedenken an die 850-Jahr-Feier von Moskau«, der Medaille »200 Jahre Verteidigungsministerium«, der Medaille des Verteidigungsministeriums der Russischen Föderation »Für militärische Tapferkeit«, II. Klasse, dem Auszeichnungsabzeichen des Verteidigungsministeriums »Für den Dienst in den strategischen Raketentruppen«, dem Abzeichen »Verdienter Arbeiter der höheren Berufsausbildung der Russischen Föderation«. Stolz ist er auf die Auszeichnung »Veteran des Militärdienstes. Für den Dienst in den Streitkräften der Russischen Föderation auf politischen Führungs- und militärisch-pädagogischen Posten« und auf das Abzeichen »Obermarschall der Artillerie Nedelin«. Mitrofan Nedelin war der erste Oberkommandierende der Raketentruppen der UdSSR.

Er kommt noch einmal zurück auf die Entscheidung seines Vaters in den letzten Momenten vor seinem Tod. Als er sich auf den Prozess gegen die *Komsomolskaja Prawda* vorbereitete, habe er seine Kollegen in der Akademie nach ihrer Meinung gefragt: »Was denkt ihr, wie sollen sich eure Piloten in einer ähnlichen Situation verhalten: Sollen sie den Schleudersitz benutzen, wenn sie die Erlaubnis dazu haben? Sollen sie ihr Leben retten und in Kauf nehmen, dass das Flugzeug unschuldige Menschen tötet? Wollt ihr das? Ich habe damals keine Antwort bekommen.« Die Frage beschäftigt ihn bis heute.

Kapustin verweist auf andere Abstürze, die es in den Sechziger- und Siebzigerjahren gab, nicht nur sowjetischer Kampfflugzeuge. Es kam immer wieder vor, dass ein Pilot dem Befehl folgte, sich mit dem Schleudersitz zu retten, und das Flugzeug sich selbst überließ. »Im besten Fall kamen die Piloten später um die juristische Verantwortung für den Absturz, um Disziplinarmaßnahmen, herum. Aber was war mit der Moral? Wie lebt man mit dem Wissen, dass es eine andere Möglichkeit gegeben hätte, bei der man zwar selbst vielleicht umgekommen wäre, aber dafür hätte einem niemand später vorwerfen können, unschuldige Menschen getötet zu haben? Für Menschen mit hohen Moralansprüchen sind diese Überlegungen wahrscheinlich ausschlaggebend.« Dabei spiele es keine Rolle, in was für einem politischen System oder in welcher Epoche jemand aufgewachsen sei, meint Kapustin. »Es gibt auch heute Menschen, die sich bei einem Autounfall entscheiden, gegen eine Mauer zu rasen statt in eine Menschenmenge. Andere bleiben lieber am Leben und bringen dafür Menschen um. Es hängt von jedem Einzelnen ab. Für mich steht jedenfalls fest: Mein Vater hat alles getan, was als Mensch, als Offizier, als Pilot in seiner Macht stand.«

Waleri Kapustin hat von der patriotischen Jugendbewegung gehört, die seinem Vater und dessen Co-Piloten ein Denkmal in Rostow am Don errichten will. Er weiß auch, dass die junge Historikerin Anastassija Moissejewa dafür kämpft, dass Kapustin und Janow posthum als »Helden Russlands« geehrt werden, damit die beiden Männer endlich auch von staatlicher Seite eine gebührende Würdigung erfahren. Er weiß, dass sie mit den Behörden in Kontakt steht. Doch Kapustin zögert, sich zu den Denkmalsplänen der patriotischen Jugendbewegung zu äußern. Er wirkt hin- und hergerissen zwischen der nüchternen Betrachtung eines Militärs und den Empfindungen eines Sohnes. »Obwohl so viel Zeit vergangen ist, kommt es mir immer noch so vor, als wäre das alles gestern passiert. Emotional fällt es mir immer noch schwer, an Feierlichkeiten zu seinen Ehren teilzunehmen. Aber tief in meinem Inneren war mein Vater für mich immer ein Vorbild bei meinem Handeln und bei meinen Entscheidungen.«

Zum Abschied holt Waleri Kapustin ein Geschenk aus dem Schrank. Es ist das deutsch-russische Buch *Im Himmel über Berlin*, geschrieben von einem Historiker der Universität Rjasan, Alexander Agarjow, und anderen. Es enthält den mutmaßlich letzten Dialog zwischen den Piloten. Waleri Kapustin hat ihn Agarjow diktiert. Er nimmt einen Stift und versieht das Buch mit einer Widmung: »Gesine! Als Zeichen der Wertschätzung und zum guten Andenken. Kapustin W.B.«

6 Das Museum Eberswalde-Finow

Finow, der ehemalige sowjetische Militärflugplatz. Birken wuchern, ringsum wachsen Kiefern und Sträucher. Wer in Zentralrussland aufgewachsen ist, kann sich hier durchaus zu Hause fühlen. Die Start- und Landebahn ist verwaist, die weißen Markierungen sind abgewetzt. Solaranlagen glänzen in der Sonne. Von hier sind Boris Kapustin und Juri Janow am 6. April 1966 gestartet. Vor überwachsenen Hangars sind Flugzeuge geparkt. Die Sammlung alter Maschinen kann sich sehen lassen: eine Iljuschin, eine Tupolew der DDR-Fluglinie Interflug, eine Antonow, ein Landwirtschaftsflugzeug, eine Cessna und mehrere sowjetische Düsenjäger vom Typ MiG. Außerdem ein paar Wracks, ein Flakgeschütz, ein Militärtransporter. Es sind Ausstellungsstücke des Luftfahrtmuseums Finowfurt, das Liebhaber Anfang der Neunzigerjahre auf die Beine gestellt haben. Eine Lorenbahn rattert vorbei, etwas abseits spielen Erwachsene mit ferngesteuerten Autos und Panzern.

An einem breiten Weg aus Betonplatten steht eine Jak-28R, knapp 21 Meter lang, zwölf Meter Spannweite und bis zu 2.000 km/h schnell. Ein Aufklärungsmodell aus der Jak-Serie, ähnlich dem, mit dem Kapustin und Janow abstürzten. Der grünliche Tarnanstrich bröckelt, die roten Sterne auf Rumpf und Tragflächen sind verblasst. Ein Feldstein mit einer Tafel zieht den Blick auf sich:

IM GEDENKEN AN ALLE OPFER DES KALTEN KRIEGES
Sie gaben ihr Leben her
um andere Menschen zu retten
OBERLEUTNANT Janow HAUPTMANN Kapustin
6. April 1966

Schräg gegenüber steht in Stein gehauen Lenin, wie oft im Anzug, mit Schlips und Ballonmütze und stechendem Blick. Auch er ist vom Wetter gezeichnet. Als Kapustin und Janow hier stationiert waren, stand das Lenindenkmal vor dem zentralen Stabsgebäude der 20. Gardearmee der Sowjetischen Armee am anderen Ende von Eberswalde.

»Alles, was heute hier in Finowfurt zu sehen ist, ist gegen den politischen Willen der damaligen Verantwortlichen entstanden«, sagt Klaus-Peter Kobbe, der dieses Museum auf den Weg gebracht hat und einer der Co-Autoren des deutsch-russischen Buches über Kapustin und Janow ist. Eine Äußerung eines Mitglieds des Kreistags beschäftigt ihn bis heute. »Ein Luftfahrtmuseum in Finowfurt ist so wichtig wie ein Marinemuseum im Schwarzwald«, hatte der gesagt, als er von den Plänen der Museumsgründer hörte. »Wir wurden damals als Ewiggestrige belächelt«, erinnert sich Kobbe. Er selbst ist Forstwissenschaftler und kam in den Achtzigerjahren zur Arbeit nach Eberswalde. Luftfahrt fasziniert ihn seit seiner Kindheit. So tat er sich bereits zu DDR-Zeiten mit anderen Liebhabern in der Region zusammen, jedoch ohne Kontakt zu den sowjetischen Fliegern in Finow. »Das war ja nicht erlaubt.« Als die Wende kam und die Verbote aufgehoben wurden, nutzte Kobbe die Chance. Gemeinsam mit den Sowjets organisierten die Luftfahrtfreunde auf dem sowjetischen Flugplatz einen Tag der offenen Tür. Das war 1991. »Die Stimmung bei dem Fest war ausgelassen«, erinnert er sich. Dabei war der Abzug der Westgruppe bereits beschlossene Sache, und der weitaus größte Teil der Bevölkerung war froh, die Besatzungsmacht loszuwerden. In den mehr als vier Jahrzehnten seit Kriegsende waren die sowjetischen Soldaten in der DDR weitgehend isoliert geblieben. Begegnungen mit Deutschen waren meist offiziell organisiert worden und entsprechend verlaufen. Vielen DDR-Bürgern blieben eher Verkehrsunfälle und Kriminalfälle in Erinnerung, in die sowjetische Soldaten verwickelt waren, oder Fahnenflüchtige der Roten Armee, die mit brutalen Mitteln gejagt wurden. Der Russischunterricht in der Schule war den meisten Schülern verhasst gewesen, die Jugendlichen orientierten sich, genau wie die westdeutschen, an den Amerikanern, hätten gern echte Jeans getragen und Coca-Cola getrunken. Aber dafür brauchte man gute Beziehungen oder Westverwandte.

»Wir waren 20 bis 25 Enthusiasten«, erinnert sich Museumsgründer Kobbe. »Wir wollten verhindern, dass die Erinnerungen an die Besatzungsmacht, so haben wir sie auch bezeichnet, verloren gehen.« So entstand die Idee, einen Verein zu gründen und auf einem Teil des ehemaligen Flugplatzes ein Museum einzurichten.

Vom damaligen Bürgermeister hat Kobbe keine gute Meinung. »Der hat damals gesagt: ›Kein Mensch interessiert sich für die Geschichte der sowjetischen Flieger und der Roten Armee. Die Leute wollen jetzt was anderes, die wollen reisen, die wollen einkaufen.‹ Die Haltung dieses Bürgermeisters war symptomatisch«, sagt Kobbe. Alle Versuche, Fördermittel zu bekommen, um Mitarbeiter langfristig beschäftigen zu können, liefen ins Leere. Jährlich veranstaltete der Verein deshalb Großfestivals wie zum Beispiel ein Ostfahrzeugtreffen, um das Museum zu finanzieren.

Kobbe berichtet von der offiziellen Verabschiedung der Jagdflieger aus Finow im Frühjahr 1993. Von deutscher Seite seien nur »Stellvertreter von Stellvertretern« erschienen. »Zehn Minuten hat die Zeremonie gedauert. ›Wir verabschieden unsere Kollegen Flieger mit einem lachenden und einem weinenden Auge‹, hat der Redner gesagt. Alle grinsten und guckten zu Boden. Es war beschämend. Aber russische Menschen vergessen solche Beleidigungen nicht, so etwas wirkt lange nach«, glaubt Kobbe. Hier lag dann auch das Motiv für ihn, über Jahre Freizeit und Geld zu investieren, sich aufzureiben in der Museumsarbeit: »Ich wollte immer wieder etwas tun, um die Verbindung zwischen den deutschen und den später russischen Menschen zu verbessern – in dem kleinen Bereich, den wir beeinflussen können.«

Und so gingen nach dem Abzug der Westgruppe einige Menschen, die sich die Verbesserung der Beziehungen zwischen Deutschen und Russen auf die Fahnen geschrieben hatte, auch daran, Lenin zu retten. Davon, wie das genau ablief, gibt es mindestens drei Versionen. Die schönste zuerst, sie stammt von Klaus-Peter Kobbe:

Jahrelang stand Lenin vor dem ehemaligen Stabsgebäude. Dann sollte das Denkmal gesprengt werden. Eine kleine Gruppe um Kobbe erfuhr davon, fuhr nachts zu Lenin, schnitt ihn mithilfe eines Bauunternehmers sorgsam vom Sockel und versteckte den Gründer der Sowjetunion im Wald, bis sich die Aufregung gelegt hatte. Dann wurde er auf dem ehemaligen Flugplatz wieder aufgestellt. Dort steht Lenin heute noch. Das ist gesichert, man kann ihn dort anschauen.

Version zwei: Als das Lenindenkmal vor dem Stabsgebäude abgerissen werden sollte, wandten sich Enthusiasten an die zuständige Grundstücksverwaltung mit der Bitte, die Statue übernehmen zu dürfen. Ihr Gesuch hatte schnell Erfolg, und nachdem alle Genehmigungen erteilt und Stempel gedrückt waren, wurde der Revolutionsführer fachgerecht demontiert. »Es hat uns mehr Kraft und Mühe gekostet als erwartet, die Statue heil vom Sockel zu holen«, wird Kobbe in dieser Version eines Privatmannes zitiert. »Am Ende brauchten wir eine ganze Woche. Aber nun liegt der Lenin sicher in unserer Werkstatt.« Dort wurde er restauriert und später auf dem Flugplatzgelände wieder aufgestellt. »Stimmt nicht«, sagt Kobbe heute. »Es gab keine offizielle Anfrage.«

Die dritte Version vom Umzug des Revolutionsführers findet sich auf einer Website mit dem Titel »Leninisstillaround«. Demnach wurde das Denkmal am 8. Mai 1975, also dreißig Jahre nach Kriegsende, vor dem sowjetischen Offizierskasino eingeweiht. Kurz nach der Wende entschied man sich, die Statue zu entfernen, und ließ sie einlagern. Erst 2013 fand der steinerne Lenin seinen Platz vor dem Imbissstand am Hangar 3 mit dem Werbespruch: »Am Imbiss hinter Lenins Rücken, da kannst du eine Wurst verdrücken!«

Wie auch immer, Kobbe freut sich darüber, dass Lenin heute vor der Baracke steht. »Denkmal heißt nicht umsonst ›Denkmal‹«, sagt er. »Es ist zwingend notwendig, über Dinge, über die Geschichte und die Zusammenhänge intensiv nachzudenken.«

Auch den Feldstein für Kapustin und Janow auf dem Museumsgelände hat der Verein aus eigener Tasche bezahlt. »Die Initiative am Stößensee ist ja auch privat entstanden, nicht?«, merkt Kobbe an. Auch hier erwies es sich als Vorteil, einen Bauunternehmer in den eigenen Reihen zu haben, denn der organisierte den Stein, die Tafel ließ der Verein anfertigen. Das war 2003. Die Geschichte der beiden

Piloten war vielen Menschen in Eberswalde, sogar den Luftfahrtliebhabern, neu. »Mir auch«, sagt Kobbe. »In der DDR-Zeit hat sich niemand damit beschäftigt. Alles war ja mit Geheimnissen umgeben.« Auf das Schicksal der beiden Piloten stießen sie nur, weil sie damals die alte Jak-28R erwarben und auf dem Museumsgelände aufstellten. »Da haben wir uns mit diesen Jagdflugzeugen auseinandergesetzt und irgendwann fanden wir Hinweise auf den Absturz 1966.«

Die Beschäftigung mit Kapustin und Janow führte zu intensiven Kontakten nach Russland. Der Historiker Alexander Agarjow von der Universität Rjasan besuchte mit seinen Studenten Finow. »Daraus sind Freundschaft und Kooperation entstanden«, erzählt Kobbe – und das gemeinsame Buch über den Flugzeugabsturz.

»Die sowjetische Seite hat Agarjow recherchiert.« Der Verein habe ihn mit seinen Studenten mehrfach nach Finow eingeladen, die Finower Luftfahrtfreunde reisten einige Male zu Arbeitsaufenthalten nach Russland. Doch dann wurde das Geld knapp, die Verbindung schlief ein. »Leider«, sagt Kobbe. Er selbst hat sich mittlerweile zurückgezogen, lebt nicht mehr in Eberswalde.

Das Erinnern an Kapustin und Janow wird in Eberswalde im Wesentlichen von drei Menschen getragen. Der zweite neben Kobbe ist Friedemann Gillert. Er kommt mit seiner Nichte, Judith Heymann, zum ehemaligen Flugplatz Finowfurt. Gillert ist in Eberswalde geboren und aufgewachsen. Mit der DDR hatte er es nicht so, mit Militär auch nicht. Er ist Baptist. Das war er schon in der DDR und das sorgte für Probleme. Zunächst verweigerte er die Jugendweihe, das führte dazu, dass er kein Abitur machen durfte. Er holte es später nach. Aus Gewissensgründen verweigerte er den Armeedienst und diente stattdessen bei den Bausoldaten. Später studierte er Röntgen- und Medizintechnik. Als im Studium ein militärischer Lehrgang auf dem Plan stand, berief er sich auf sein Recht, ohne Waffe zu dienen, und wurde vorzeitig ohne Abschluss exmatrikuliert. In der Wendezeit nahm Gillert an Demonstrationen teil, gründete die Ortsgruppe des Bündnis 90 in Eberswalde. Er saß zwei Legislaturperioden im Kreistag von Eberswalde, später Landkreis Barnim, und machte Lokalpolitik. Heute vertreibt er Medizintechnik und steht kurz vor der Rente.

Pazifisten vor Jagdflugzeug: Friedemann Gillert und Judith Heymann auf dem ehemaligen Militärflugplatz. Links Thomas Franke.

»Ich bin zum ersten Mal hier«, sagt Gillert. Er und Klaus-Peter Kobbe werden inhaltlich nicht mehr zusammenfinden. Denn Gillert war es, der, als nach der Wende bei einer Kreistagssitzung über einen Antrag auf Förderung des Museums beraten wurde, freiheraus sagte: »Ein Luftfahrtmuseum in Finowfurt ist so wichtig wie ein Marinemuseum im Schwarzwald.«

Gillert hat 2018 von den beiden sowjetischen Piloten gelesen. Die Lokalzeitung kündigte die jährliche Kranzniederlegung für Kapustin und Janow am 6. April auf dem Garnisonsfriedhof Eberswalde an. »Ich hatte in den Jahren zuvor wohl auch schon davon gehört, die Veranstaltung aber nie ernst genommen«, erzählt Gillert. Die Kranzniederlegung wurde von der ehemaligen Deutsch-Sowjetischen Freundschaft, DSF, organisiert, und aus der war Gillert schon zu DDR-Zeiten ausgetreten: »Die DSF war eigentlich eine gute Einrichtung, aber sie wurde missbraucht.« Die DSF sollte helfen, antisowjetische Einstellungen in der Bevölkerung abzubauen. »Das war verordnete Völkerfreundschaft.« Trotzdem ging Gillert 2018 zur Gedenkfeier. »Auf dem Garnisonsfriedhof wurden ein paar Worte gesagt und Blumen niedergelegt. Es waren überwiegend alte Herren, noch älter als ich, und alle kannten sich. Und dann habe ich beschlossen, diese Geschichte irgendwie auch jüngeren Menschen nahezubringen, damit das Gedenken an Kapustin und Janow nicht verloren geht. Diese Geschichte muss weiter in die Mitte der Gesellschaft.« Wie er das erreichen könnte, wusste er zu diesem Zeitpunkt noch nicht genau, aber er kannte die Geschichte vom Absturz der Jak ja auch noch nicht lange. Für ihn stand fest: »Die Piloten waren unsere Mitbürger, deshalb habe ich einen Bezug zu dem Ganzen. Vielleicht könnte ich anhand ihrer Schicksale ein ganz kleines bisschen dazu beitragen, dass deutsche Menschen positiv über diese beiden russischen Menschen denken, und dass dann russische Menschen unabhängig davon, was die russische Regierung macht, erfahren, dass in Deutschland positiv über Russen gedacht wird und nicht nur negativ.«

Die Sorge, dass sich Russen und Deutsche immer fremder werden, treibt zusehends mehr Menschen in Ost- und Westdeutschland um. Viele schieben Politikern und Journalisten die Schuld dafür in die Schuhe. Auch Gillert meint, in Deutschland werde überwiegend negativ über Russland berichtet. Es sei nun nicht so, dass er die Politik von Präsident Putin begrüße, eher im Gegenteil. Aber es dürfe nicht sein, meint er, dass sich wegen der Politik auch die Menschen in beiden Ländern immer weiter voneinander wegbewegten. »Ich hatte eigentlich ein bisschen auf Frau Merkel gehofft, dass die, als Putin anfing, hinfährt und sagt: ›Lieber Putin, so geht's nicht. Wir müssen doch zusammenhalten.‹ Sie kann ja auch russisch mit ihm reden. Damals hätte er vielleicht noch auf sie gehört.« Merkel habe das aber nicht getan. »Nun ist fast ein Kalter Krieg entstanden.« Gillert bedrückt das Gefühl, nichts dagegen tun zu können.

Judith Heymann, die Nichte, ist bis 1995 in Eberswalde zur Schule gegangen. Der Absturz Kapustins und Janows war im Unterricht kein Thema. »Ich kenne die Namen nur von meinem Onkel. Bis er anfing, sich in der Sache starkzumachen, hatte ich noch nie von ihnen gehört.« Sie bedauert das: »Jedes Leben ist wichtig. Wenn die

»Museum der Westgruppe«, Tafel im Luftfahrtmuseum Finow

beiden wirklich so viele Menschen gerettet haben, dann kann man das durchaus immer wieder erzählen. Und sie tun mir leid, denn die beiden wären bestimmt auch lieber zu Hause geblieben.«

»Sie haben es verdient, für ihre Tat geehrt zu werden«, sagt Gillert. »Sie haben kleine Kinder und junge Ehefrauen hinterlassen.«

Über der Tür der Baracke des Luftfahrtmuseums hängt eine rote Tafel mit Stern und der russischen Aufschrift: »Museum der Westgruppe«. Gillert geht vorbei an hübsch drapierten Modellflugzeugen in Vitrinen, an Turbinen und Schleudersitzen mit Schaufensterpuppen in Pilotenmontur, an Waffen, Orden und Fotos unter Glas, an Landkarten und Schautafeln. Ein kurzer Text erläutert, dass der Flughafen 1937 von der deutschen Luftwaffe gebaut wurde. Vor einer Museumstafel bleibt Gillert stehen. »Absturz über Westberlin« ist sie überschrieben. Kurz wird der historische Kontext Mitte der Sechzigerjahre umrissen. Staunend betrachtet Gillert den letzten Absatz:

»Dem Reich der Spekulationen sind die Berichte zweier britischer Zeitungen zuzuordnen. So behauptete der ehemalige Royal-Air-

Force-Mann Roy Weehler im Jahre 2005 in einem Fernsehbeitrag des Senders RBB, dass man bei der Bergung das ›vordere Besatzungsmitglied‹ mit einem Kopfschuss gefunden habe, ›angeblich erschossen vom hinteren‹. Der einstige Abhörspezialist Trevor Allison ergänzte noch, wonach die beiden Schleudersitze ohne Treibladung gewesen seien. Könnte auf diese Weise ein Spionageflug, möglicherweise sogar der Fluchtversuch eines der Besatzungsmitglieder in den Westen beendet worden sein?«

»So ein Quatsch«, sagt Gillert, »das war gar nicht möglich. Zwischen den beiden Piloten war eine Trennwand. Mit den kleinen Pistolen, die sie bei sich hatten, wäre das schwierig geworden.« Trotzdem halten sich derartige Gerüchte seit dem Tag des Absturzes hartnäckig.

Eine Vitrine weckt Gillerts Aufmerksamkeit. Darin steht eine Art Kasten aus Metall mit Steckdosen und Schraubenfassungen. Es ist der Apparat, der dazu beigetragen hat, dass Kapustin und Janow nicht den Titel Held der Sowjetunion erhalten haben. »Das muss das geheime Gerät sein, das damals wahrscheinlich ausgebaut und nach England gebracht wurde«, sagt Gillert, »diese Freund-Feind-Kennung, die damals noch niemand im Westen kannte und die dann wertlos wurde.« Er könne mit den Geräten leider nicht viel anfangen. »Ich bin zwar Ingenieur, aber für Medizintechnik, nicht für Militärtechnik.« »Mittelalterlich« sähen die Geräte für ihn aus. »Aber damals war es halt modern. Es ist eine typische russische Militärtechnik mit kompakter Röhrenbauweise; die ist sehr stabil und geht nicht so schnell kaputt.«

»Ich bin ein wenig geschockt und fasziniert zugleich«, sagt die Nichte. Sie zeigt auf das Modell eines Kampfjets. »Das waren ja keine Rosinenbomber wie bei der Luftbrücke. Ich finde es gruselig, dass so etwas so nah an uns dran stand. Ich wusste zwar, dass es das hier gab, aber das jetzt zu sehen … unangenehm. Diese kriegerischen Sachen, das ist furchtbar.«

Judith Heymann ist zu jung, um sich detailliert an die Stationierung der Westgruppe in der DDR zu erinnern. »Ich bin 1979er Baujahr. Ich erinnere mich, dass wir als Kinder einmal im Jahr zu einem Treffen mit Kindern der Angehörigen der sowjetischen Armee gezwungen wurden. Wir sind dann mit einem großen russischen Bus zu denen gefahren, haben zusammen gefeiert, haben Lieder gesungen und uns gegenseitig Geschenke gemacht. Da war immer viel Show, denn wir konnten uns gar nicht unterhalten, wir hatten zu der Zeit noch kein Russisch. Mir taten die da so ein bisschen leid, die Mäuse. Die Mädchen mit ihren großen wunderschönen Schleifen. Das war niedlich. Aber es war ein Zwangskontakt. Sonst hatten wir keinen.«

Erst nach der Wende wurde ihre Beziehung zu »den Russen« enger. Das hatte pragmatische Gründe. Judith hatte nun Russisch in der Schule und war schlecht darin. »Oma war da recht spontan. Die ist einfach mit mir zu diesen Offiziershäusern in Eberswalde gegangen. Wir haben die Reihen abgeklappert und haben gesagt, wir brauchen Nachhilfe. Wir wurden weitergeschickt, bis wir bei der Familie von Dascha gelandet sind.« Nun ging sie einmal in der Woche zu Dascha zur Russischnachhilfe. »Viel gebracht hat das nicht.« Doch dafür entstand eine Freundschaft zwischen den beiden Teenagern. Als Judith das erste Mal in die Wohnung kam, war sie überrascht, wie beengt die Offiziersfamilien lebten: »Miniküche, Minibad.« In einem der zwei Zimmer hatten Dascha und ihre große Schwester ihre Betten, im anderen schliefen die Eltern und die kleine Schwester. »Sehr, sehr beengt. Die Betten im Kinderzimmer waren schön gemacht. Alles hing voller Poster. Im anderen Raum lief immer ein Fernseher mit irgendwelchen russischen Musiksachen. Und da stand ein riesengroßes Bett, auf dem eine superalte Tagesdecke lag. Sie sah aus wie aus einem Museum. Es war alles top aufgeräumt, da lag nichts rum, denn es war ja sehr eng. Ich konnte mir das nur schwer vorstellen, dass sie da mit fünf Leuten leben. Hat aber geklappt.« Judith Heymann ging bald fast täglich zu Dascha. »Ich erinnere mich noch, dass sie die *Bravo* lesen durfte, und das durfte ich nicht. Und dann saßen wir im Kinderzimmer, ich habe ihre *Bravo* gelesen, und sie hat meine Hausaufgaben gemacht.« Dascha ging, wie die anderen Kinder der Offiziere der Westgruppe, auf eine russische Schule. »Die Familie wollte nicht zurück nach Hause«, erzählt Heymann, »für sie war es ganz schlimm, dass sie fortmussten.« Sie sahen, wie gut die Ostdeutschen nach der Wende lebten. Die Sowjetunion gab es nicht mehr, die Heimat der Familie hieß nun Republik Moldau, und dort ging es steil bergab. Die beiden Freundinnen hielten noch eine Weile Kontakt. »Dascha ist später mit ihrem Mann und ihren Kindern zurück nach Deutschland gekommen. Die wohnen jetzt in Mannheim.«

Friedemann Gillert hat, wie er sagt, »solche und solche« Erinnerungen an die Westgruppe. »Ich war Naturschutzhelfer, und ich habe mich immer geärgert, dass die Russen unsere Wälder abgebrannt haben. Nicht absichtlich, aber es ist ja nun mal Mode in Russland, dass man zum 1. oder zum 9. Mai hinausgeht und draußen Picknick macht. In ihrer großen Taiga können sie das ja ruhig tun. Aber die Offiziere gingen mit ihren Familien auch hier in unsere trockenen Wälder und machten ohne einen Rundstreifen Lagerfeuer. Sie haben Schaschlik gebraten, Schnaps getrunken, haben sich dann mit Muttern ins Gebüsch gelegt und die Kinder am Feuer spielen lassen. Da sind natürlich Wälder abgebrannt. Ich bin deshalb zum Förster gegangen und habe gesagt: ›So geht das nicht. Die Russen sind hier Gäste. Fünfzig Jahre, hat Stalin gesagt. Die sollen sich wie Gäste benehmen und nicht unsere Wälder abbrennen.‹ Aber der Förster hat nichts unternommen. Er hat gesagt, er hätte sich schon zu oft den Mund verbrannt, er unternimmt nichts. Also bin ich mit dem Fahrrad von einer Schaschlik-Stelle zur nächsten gefahren und bin natürlich eingeladen worden. Habe dann – na sdorowje – Schnaps gekriegt, auf den Frieden und auf die Freundschaft getrunken und auf die Familie, und Schaschlik gab es natürlich auch. Ich habe ihnen dann mit meinem schlechten Russisch erklärt, dass so ein Feuer nicht sein darf; und dann haben wir gemeinsam einen Rundstreifen angelegt. Wenn alles in Ordnung war, bin ich zum nächsten gegangen. Nach dem dritten hab ich mich erst mal hingelegt und geschlafen.« Gillert lacht. »Das waren Erlebnisse, die nicht so gut waren.«

»Wir sind mal mit dem Trabant im Wald stecken geblieben, als wir Birkenreisig holen wollten«, erzählt die Nichte. »Der Weg war ganz zerfurcht, weil die da mit Panzern rumgefahren sind. Dann kamen drei Russen vorbei, haben in die Hände gespuckt, das Auto aus dem Schlammloch rausgetragen und uns befreit. Sonst wären wir da immer noch. Wir haben denen dann Schokolade geschenkt, das war cool.«

Immer wieder kamen Vergewaltigungen vor, von denen Gillert auch erzählt: »Der Friedhof von Eberswalde war mal der zehntschönste Waldfriedhof in Deutschland. Aber in der DDR-Zeit hat die Friedhofsgärtnerei eine Hecke nach der anderen abgeholzt. Als ich mich beschwerte, hieß es: ›Wir müssen Übersicht behalten, damit solche Sachen nicht passieren.‹«

Nach den massenhaften Vergewaltigungen am Ende des Zweiten Weltkrieges stellten viele Deutsche »die Russen« unter Generalverdacht. Gillert sieht das differenzierter: »Als Kind hatte ich sehr positive Begegnungen. Wenn Soldaten durch die Stadt fuhren und irgendwo anhielten, sind wir zu denen hingelaufen und haben mit denen gesprochen. Für die war das eine schöne Abwechslung. Sie haben uns eingeladen, in ihren Autos mitzufahren, und haben uns was von ihrem Essen abgegeben, Ölsardinen und Brot.« Gillert liegt wie Kobbe viel daran, dass Russen nicht pauschal negativ dargestellt werden. »Es haben sich auch oft mal Soldaten heimlich aus der Kaserne rausgeschlichen und uns Kindern Geld gegeben, damit wir ihnen Schnaps kaufen. Warum wir den im Laden bekommen haben, weiß ich nicht. Wenn meine Mutter das mitbekommen hat, hat sie immer geschimpft: Die sollen nicht so viel saufen, die machen dann nur Unfug.«

Und Kapustin und Janow? Dass er, der strenggläubige Pazifist, ausgerechnet zwei Militärs auserkoren hat, um die Völkerverständigung voranzubringen, ist seiner Ansicht nach keineswegs widersprüchlich. »Das waren Befehlsverweigerer. Befehlsverweigerer in der Armee sind oft sehr anständige Menschen. Kapustin hat nicht einen Feind erschossen, sondern sich selbst geopfert. Das ist nicht typisch für Militärs. Klar, diesen Nationalismus in Russland, den möchte ich auch nicht befördern. Aber das kann ich sowieso nicht beeinflussen. Ich kann in einem kleinen konkreten Bereich aktiv sein und dafür sorgen, dass diese Geschichte bekannter wird und dass russische Menschen sehen, dass Deutsche sie wertschätzen.«

Zu den älteren Herren von der ehemaligen Deutsch-Sowjetischen Freundschaft, die Friedemann Gillert traf, als er zum ersten Mal am jährlichen Gedenken an Kapustin und Janow teilnahm, gehört Waldemar Hickel. Er organisiert die Kranzniederlegungen. »Mich hat die Freundschaft, die Verbindung zu anderen Menschen, nie losgelassen«, sagt Hickel, »und zwar nicht aus irgendwelchen politischen, sondern aus rein menschlichen Gründen.« Hickel ist der Dritte, der sich in Eberswalde um das Gedenken an die beiden Piloten kümmert. Langsam geht er über den Garnisonsfriedhof. Mit einer Hand stützt er sich auf seinen Gehstock, mit der anderen auf den Arm seiner Frau Marianne. Der Friedhof im Zentrum von Eberswalde wurde 1946 auf Befehl der sowjetischen Militäradministration angelegt. 860 namentlich bekannte Bürger der UdSSR, Militärs und Zivilisten, darunter zahlreiche Kinder, die infolge von Kriegsverletzungen, Unfällen und Krankheiten starben, ruhen hier. So steht es auf einer Tafel an der Friedhofsmauer.

Die hohen Bäume und die großen Rasenflächen erinnern an einen Park. Grabplatten säumen die zentrale Allee. Ein Obelisk aus schwarzem Marmor mit einem roten Stern darauf ragt am Ende des Weges in die Höhe. Die Anlage ist als Kriegsgräberstätte geschützt. »Macht einen schönen Eindruck, nicht?«, sagt Marianne Hickel. »Früher war die Anlage ziemlich marode«, ergänzt ihr Mann. »Die Stadt hat das vor ein paar Jahren hergerichtet. Wir durften mitbestimmen, wie das aussieht.«

Hickel ist ein langjähriger Freundschaftsaktivist. Bereits in den Fünfzigerjahren engagierte er sich bei der DSF. »Ich wollte Lokführer werden. Aber ich wurde krank und musste aufgeben.« So wechselte er zum Reichsbahnausbesserungswerk 8. Mai, RAW, in Eberswalde und wurde Schlosser. »Als ich im RAW Eberswalde anfing, war die Freundschaftsorganisation dort nicht mehr arbeitsfähig. So wurde ich aktiv. Ich habe das nicht im Auftrag von Partei und Regierung gemacht, sondern ich habe die Freundschaftsorganisation allein mithilfe der Funktionäre, die noch übrig waren, neu aufgebaut.« Damals lernte er auch seine Frau kennen. »Das waren schöne Zeiten«, sagt er, bleibt einen Moment stehen und atmet tief durch. Das Gehen fällt ihm schwer.

In den Sechzigerjahren waren Millionen Werktätige Mitglied in der DSF. Staatlicher Druck sorgte für steigende Mitgliederzahlen der nach dem Gewerkschaftsbund zweitgrößten Massenorganisation der DDR. Der Niedergang der organisierten Freundschaft ist in Zahlen messbar. Laut statistischem Jahrbuch der DDR hatte die DSF 1988 knapp sechseinhalb Millionen Mitglieder. 1991, ein Jahr nach der Vereinigung, waren es laut dem Nachrichtenmagazin *Der Spiegel* noch 20.000. Ein weiteres Jahr später gab es die DSF schon nicht mehr. Während die Menschen im Westen anfingen, sich für Russland zu begeistern, war die große Mehrheit der nun ehemaligen DDR-Bürger froh, die sowjetischen Besatzer loszuwerden. Hickel gründete 1992 eine Folgeorganisation, die Freundschaftsgesellschaft Eberswalde, die sich bald der Brandenburgischen Freundschaftsgesellschaft e.V. anschloss. Mit dem Wegfall der staatlich organisierten Völkerfreundschaft wurde es sehr einsam um die letzten Enthusiasten. Freundschaft als Selbstzweck trägt nicht. Es fehlten konkrete Projekte. Das änderte sich erst 2006. Zum 40. Jahrestag des Absturzes von Kapustin und Janow erschien ein Artikel über den Unfall in der *Barnimer Bürgerpost*, einem regionalen Monatsblättchen. »Danach hat mich ein Redakteur angesprochen: ›Waldemar‹, sagte er, ›wäre das nicht was für dich?‹ Erst war ich skeptisch, aber dann haben wir uns überlegt, dass das eine gute Sache ist.« Hickel war froh, dass er mit dem Gedenken an Kapustin und Janow eine neue Aufgabe hatte. »Seitdem machen wir hier jedes Jahr am 6. April um zehn Uhr unsere Kranzniederlegung.« Dazu kommen außer Mitgliedern der Freundschaftsgesellschaft Politiker der Linken und Vertreter der Russischen Botschaft. Ihr Verein habe noch etwa dreißig Mitglieder, sagt Hickel. »Viele versterben. Ist ja klar, im Alter sagt der eine oder andere: ›War schön, aber nun müssen wir gehen.‹« Er lacht. »Aber seit einigen Jahren haben wir Verstärkung von Spätaussiedlern. Einige stammen aus Rostow am Don, eine Frau kennt die Witwe Kapustins sogar persönlich. Die kommen jedes Jahr freudigen Herzens hierher.«

Hickels haben das Ende der Friedhofsallee erreicht und bleiben vor einem Gedenkstein stehen. Ein stilisierter Jagdbomber ist eingraviert. Die Namen Kapustin und Janow sind kaum noch zu entziffern. Es dürfte der einzige Gedenkstein sein, der bereits zu DDR-Zeiten an die Piloten erinnerte, wenn auch an anderem Ort. Mitte der Siebzigerjahre wurde er an der zentralen Gedenkstätte für Gefallene der Roten Armee in Finow aufgestellt, an der sich Militärvertreter, Politiker und Betriebe zu offiziellen Anlässen wie dem Tag der Roten Armee oder dem 1. Mai versammelten. 2008 sollte dieser Platz bebaut und die Gedenkstätte abgeräumt werden. Wieder waren es Mitglieder des Museumsvereins, denen der Stein am Herzen lag. Und so brachten sie ihn auf den Garnisonsfriedhof. Heute liegt daneben eine kleine Marmorplatte mit nachkolorierten Fotos und einer Inschrift. »Das habe ich verzapft mit der Friedhofsverwaltung«, erklärt Hickel. Der Wortlaut auf der Platte ähnelt dem am Spandauer Brückengeländer:

> Gedenkstein für die damals in Finow stationierten
> Militärflieger Hauptmann Boris Kapustin und
> Oberleutnant Juri Janow, die bei einem Überführungs-
> flug am 06.04.1966 ihr defektes Kampfflugzeug in
> den Stößensee in Berlin-Spandau steuerten und
> dadurch eine Katastrophe unabsehbaren Ausmaßes
> verhinderten.

»Ich wollte hier nicht bloß so ein Ornament haben«, sagt Hickel. »Die Leute müssen ja wissen, um wen es hier geht.« Das Foto Kapustins gefällt ihm gut. Von Janow hätte er gern ein anderes.

»Selbstlose Menschen, nicht?«, bemerkt Marianne Hickel. »Wenn die gesprungen wären, wären vielleicht alle umgekommen.«

Waldemar Hickel nickt. »Aber das wird's in anderen Nationen auch geben. Ich weiß nicht, wie ich gehandelt hätte. Vielleicht hätte ich gesagt: Scheißegal, ist sowieso so eine Spannung Ost-West, lass die doch umkommen alle. War ja englischer Sektor.«

Seine Frau schüttelt den Kopf. »Als wir geflüchtet sind im Krieg, da war auf der einen Seite der Russe und auf der anderen der Ami. Und da waren zwei mit einem Funkwagen und haben gesagt, der Russe schießt nicht auf einzelne Menschen. Aber der Ami! Was bin ich gelaufen als kleines Mädchen.«

Ein Mann mit Rucksack hat den Friedhof betreten, betrachtet zunächst den Obelisken und kommt dann interessiert näher. Hickels

Ein Leben für die Freundschaft: Marianne und Waldemar Hickel mit einem russischen Friedhofbesucher

machen Platz, damit er die Inschrift lesen kann. »Schwer zu entziffern …« Waldemar Hickel ist aufgekratzt. »Na, dann sag ich es Ihnen: Das ist der Gedenkstein für die beiden Piloten, die mit den Köpfen hier zu sehen sind. Das ist der Boris Kapustin hier unten, der linke, und der rechte ist der Janow, Juri.« Dann holt er aus und erzählt die Geschichte vom Absturz der damals hochmodernen Jak.

Der Mann mit Rucksack hört aufmerksam zu. »Woher wissen Sie das alles?« Er spricht mit Akzent.

»Wir haben Verbindungen nach Rostow am Don, mit der Frau von dem Kapustin. Wir sind von der Freundschaftsgesellschaft.«

Der Mann nickt: »Das ist schön.«

Hickel nickt auch: »Ja.« Dann erzählt er, dass Kapustin und Janow in der Sowjetunion mit militärischen Ehren beigesetzt wurden, der Titel Held der Sowjetunion ihnen aber wegen der verloren gegangenen Bordelektronik verwehrt blieb.

»So war die Zeit leider«, sagt der Mann. »Politisch, strategisch verstehe ich das.«

Jetzt kann sich Marianne Hickel nicht mehr zurückhalten. »Und aus welchem Land kommen Sie?«

»Aus Russland.«

»Das habe ich mir gedacht, der Akzent!«

Er lebe seit 2005 in Deutschland, in Paderborn, erzählt der Mann.

»Ach herrje, Paderborn«, sagt Hickel und lacht.

»Wenn man die Vergangenheit vergisst, dann kann sich alles wiederholen«, sagt der andere.

»Nein, das wäre schrecklich. Frieden. Frieden.«

»Immer Frieden, ja, das ist klar. Aber wir leben in so einer Welt …«

»Da kann man gar nicht sagen, dass die Welt intelligent ist, sonst würde sie nämlich Frieden halten, nicht?« Marianne Hickel strahlt. »Friede ist höher als alle Vernunft, wir wollen Frieden.«

»Selbstverständlich«, erwidert der Mann, »wir wollen Frieden auch.«

»Da treffen wir uns zufällig, das ist ein Ding, was?«

Waldemar Hickel drängt zum Aufbruch, er kann nicht so lange stehen. Er hat es nicht weit. Hickels wohnen in einer Zweiraumwohnung gleich auf der anderen Straßenseite. Marianne Hickel hat den Kaffeetisch gedeckt und serviert eine kleine Sahnetorte mit Erdbeeren. »Wir fanden den so niedlich, den kleinen Kuchen. Gucken Sie mal, das ist ein großes Stück, das kriegen Sie. So, Vater, komm auch mal mit deinem Teller, nimm mal eins.« Die Sofakissen sind mit Kätzchen bestickt, an den Wänden hängen gerahmte Blumen und Flusslandschaften. »Früher hab ich immer selbst gebacken, auch für die Hausgemeinschaft«, sagt Marianne Hickel. »Da haben wir immer fleißig gefeiert«, wirft ihr Mann ein. »Zu DDR-Zeiten war auch mehr Hilfsbereitschaft.« – »Uns ging es immer um die Menschen«, sagen beide fast gleichzeitig, »damals und heute«. Nach der Wende sei sogar einmal ein Afrikaner zur Freundschaftsgesellschaft gestoßen, erzählt Waldemar Hickel. »Mir ist jeder Mensch lieb, Hauptsache, er passt sich freundschaftlich ein. Ganz egal, in welchem Staat er lebt.«

Es ist schwierig, Freundschaft zu pflegen, wenn man sich die Freunde mühsam suchen muss und sie nicht automatisch geliefert werden. Schüleraustausch, Stipendien, Konferenzen werden von der russischen Regierung derzeit nicht gerade gefördert. »Wenn Sie jetzt auf Putin hinauswollen: So schlechte Ideen hat der gar nicht.« Hickel findet, es müsse ein Gegengewicht zu den USA geben. »Der Amerikaner ist natürlich der beste Freund der Westdeutschen. Das lag am Krieg. Bei denen waren anschließend Amerikaner, Engländer, Franzosen, und bei uns waren die Russen. Das prägt natürlich.«

Hickel setzt sich an seinen Computer. »Ich zeige Ihnen mal ein paar Fotos.« Der alte PC steht im Wohnzimmer auf einem Beistelltisch neben der Schrankwand. Hickel bastelt an einem digitalen Museum für Kapustin und Janow. Außerdem hat er Hunderte private Fotos und Erinnerungen an die DSF digitalisiert, geordnet, beschriftet, zum Teil mit Musik unterlegt oder eigene Texte dazu gesprochen. »Ich habe so viel, damit könnten wir drei Tage verbringen.«

Er klickt sich durch die Ordner. »Ach je, ach je, wo fangen wir denn da an … Hier ist schon mal ein Bild vom Haus der DSF. Mit diesen beiden Frauen habe ich zig Jahre gearbeitet, die eine war die Mitarbeiterin der DSF für Kulturfragen und ihre Schwester war in der Kreisleitung der SED.«

Ein Foto des Lenindenkmals poppt auf: Lenin zu DDR-Zeiten auf einem zwei Meter hohen Sockel vor dem Haus der Offiziere. Kränze und Blume liegen zu seinen Füßen, drei Menschen stehen daneben. Von einem an den Rand montierten Passfoto schaut ein sowjetischer Soldat mäßig freundlich. Dann ein Gruppenfoto: Aufgereiht Männer in Anzügen und Uniformen, »Sowjetische Genossen«, steht darüber. Einige sind namentlich gekennzeichnet: Friedrich Beul und Emil Neubauer von der SED Kreisleitung und Max Reimann, Vorsitzender der KPD in Westdeutschland. Hickel zeigt Fotos von Freundschaftstreffen: lange Kaffeetafeln mit teils sehr ernst guckenden Frauen, Frauen mit Kindern an einem Tisch mit russischen Piroggen. »Deutsche und sowjetische Frauen treffen sich im Haus der DSF«, steht am Rand. Auch hier guckt niemand fröhlich.

»Mein Mann hat das ganz toll gemacht im Betrieb«, sagt Marianne Hickel, »erzähl doch mal.« Hickel lässt sich nicht lange bitten. »Wir haben uns im RAW 8. Mai überlegt, wie wir das interessanter gestalten können mit der Freundschaft.« So kam er auf die Idee, Wissenswettbewerbe über die Sowjetunion zu veranstalten. »Wir wurden da fast Profis, unser Wissenswettbewerb war bühnenreif. Wir haben große Landkarten angefertigt mit der Sowjetunion darauf, und wenn die richtigen Antworten kamen, blinkten dort Lichter auf.« Die Freundschaftsgesellschaft im RAW 8. Mai in Eberswalde gehörte bald zu den besten. »Achtzig oder neunzig Prozent der Belegschaft waren Freundschaftsmitglieder«, bemerkt Hickel mit Stolz.

»Und dann wurde er ausgezeichnet«, platzt es aus Marianne Hickel heraus. »Er hat eine Schiffsreise nach Rostow am Don geschenkt gekriegt, da war ich mit, mein lieber Mann, da haben wir ja was erlebt!«

»Ich will nicht zu überheblich wirken, aber wir waren so gut, dass wir mit der Wanderfahne ausgezeichnet wurden und eine Belobigung bekamen. Ich hatte dann gesagt, dass ich für das Geld mal eine Reise in die Sowjetunion machen möchte. Ich war bis dahin noch nirgendwo gewesen und wollte doch mal sehen, wie es dort aussieht.«

»Jaaa. Hach, das war ein tolles Schiff, das schönste Schiff überhaupt. Mit Teppich ... das war super drinnen, also, war ganz toll. Dann haben wir dort getanzt und gesungen. Das war richtig herrlich. Wobei, wenn wir uns hier getroffen haben mit der Freundschaftsgesellschaft im Haus der DSF, war das ja auch mit Tanzen und miteinander Sprechen, das war herrlich!« 1975 fand die Reise statt. »Das war so heiß in Rostow, weißt du noch, Waldemar, da haben wir uns die Fußsohlen am Strand verbrannt!« Es war das Jahr, in dem Waleri Kapustin, der Sohn des Fliegers, die Schule abschloss. Doch von Kapustin und Janow wussten Hickels damals noch nichts.

Der Kontakt steht erst, seit Hickel zum 45. Jahrestag des Absturzes der Jak einen Brief nach Rostow am Don geschickt hat. Seitdem schreibt Hickel auf Deutsch, eine Mitarbeiterin im Haus der Offiziere in Rostow antwortet auf Russisch. Ein Übersetzungsprogramm hilft. So hat Hickel zahlreiche Fotos und Briefe von Kapustin und seiner Familie zusammenbekommen. »Ist eine schöne Sache, wenn auch mehr für mich«, sagt er. »Ich hätte nur gern noch etwas mehr über Janow. Ich habe auch schon mal an die Verwandten geschrieben. Aber da hat nie jemand geantwortet.«

7 Die Kämpferin für ein Denkmal
Rostow am Don

Anastassija Moissejewa hat einen Geburtstagswunsch. »Seit 2016 drücken meine Freundinnen mir die Daumen, dass er in Erfüllung geht.« Die junge Historikerin möchte nichts sehnlicher, als dass in Rostow am Don, ihrer Heimatstadt und der von Boris Kapustin, ein Denkmal für ihn und seinen Co-Piloten Juri Janow aufgestellt wird. Wir sind im Zentrum der Stadt verabredet. Anastassija Moissejewa will zum Friedhof und das Grab Kapustins zeigen. Sie ist ein bisschen früher am vereinbarten Treffpunkt, eine zeitlos flott gekleidete sportliche Frau Mitte zwanzig in gestreiftem T-Shirt, dunkelblauer Bundfaltenhose, weißen Leinenschuhen. Die Haare trägt sie lang und gescheitelt, die Augenbrauen sind sorgfältig gezupft. »Wir haben kürzlich ein Interview mit einem Abgeordneten der Staatsduma geführt«, berichtet Moissejewa und strahlt über das ganze Gesicht: »Er erinnerte sich daran, wie er als Student während der Sommerferien zu Feldarbeiten fuhr und dabei das Lied *Ogromnoje nebo* sang. Wenn eine Heldentat in Büchern, Denkmälern, Liedern oder anderen Kunstwerken festgehalten wird, hilft das, sie im Bewusstsein des Volkes zu bewahren.«

Während wir mit dem Bus durch die Stadt fahren, erzählt sie enthusiastisch, was sie über die Sechziger- und Siebzigerjahre gehört hat: »Das Lied *Ogromnoje nebo* wurde von vielen gesungen. Gleich nach der Heldentat gab es eine landesweite Massenbewegung: Es entstanden patriotische Einheiten, viele davon trugen den Namen Kapustins. Sie machten patriotische Arbeit, und natürlich gedachte man damals Kapustins.« Das hat ihr Kapustins Witwe berichtet. Zu Galina Kapustina hat sie eine enge und herzliche Beziehung. Die beiden haben sich kennengelernt, als die alte Dame einen Vortrag vor Studenten hielt – über ihren Mann natürlich.

Nach fünfzehn Minuten hält der Bus vor der Universität, einem Säulenbau aus der Stalinzeit mit Hammer und Sichel über dem Portal. Auf dem Platz davor steht ein Denkmal für Juri Gagarin, den ersten Menschen im All. Selbstverständlich wurde Gagarin die höchste Auszeichnung, Held der Sowjetunion, verliehen – auch wenn er später gleichfalls mit einem Flugzeug verunglückte. Das geschah jedoch auf dem Gebiet der Sowjetunion und bei seinem Absturz fiel keine geheime Technik in die Hände des Feindes. Die gewaltige Büste steht auf einer vier Meter hohen Stehle. Der junge Gagarin schaut sehr ernst. Moissejewa eilt quer über den Platz. »Kapustin hat die Rostower sehr geliebt«, sagt sie. »Er wollte unbedingt wieder hier leben. Als er am Himmel über Berlin vor der Entscheidung stand, ob er zu seiner geliebten Frau und seinem Kind heimkehrt und im Prinzip weiter so lebt wie früher, oder ob er das Leben der friedlichen Bevölkerung rettet, hat er sich für Letzteres entschieden.«

Boris Kapustin ist am zentralen Weg des Friedhofs begraben, der Allee der Helden. Ein Metallzäunchen umfriedet seine Ruhestätte. »Kürzlich hat Galina Andrejewna mit den Schülern der Schule Nummer 51 das Grab besucht. Sie haben aufgeräumt und Sträucher und Blumen gepflanzt. Schauen Sie.« Eine dünne Steinplatte ragt in die Höhe, darauf silberfarben das Profil des Piloten und ein stilisierter Düsenjäger. Hohe Bäume spenden Schatten, Büsche wuchern zwischen und auf den Grabstätten.

Anastassija Moissejewa beugt sich zu der Inschrift hinunter und liest vor: »Flieger Hauptmann Boris Wladislawowitsch Kapustin. Geboren 1931, 1966 heldenhaft gestorben über Berlin in Erfüllung seiner Pflichten.« Darunter steht der Name seines Vaters, Wladislaw Alexandrowitsch Kapustin, der bei der Nachricht vom Tod seines Sohnes starb. »Sein Herz hat das nicht ausgehalten. Vater und Sohn wurden gemeinsam beigesetzt.« Auf dem Grabstein kleben eine rote und eine weiße Plastiknelke. »Boris Kapustin hat selbst im Profil so einen weisen Blick«, sagt Moissejewa, »so ausdrucksstarke Augen.« Jetzt klingt sie wie die Witwe Galina Kapustina. »Er war ein sehr hilfsbereiter und gutherziger Mensch. Er hatte den Spitznamen Professor, weil er so belesen und gebildet war. Er wusste Antworten auf alle Fragen, er war immer sehr sensibel im Umgang mit seinen Freunden und seiner Familie.« Sie streicht sich eine Strähne aus dem Gesicht und erzählt weiter: Dass Kapustin sich immer gesund ernährt habe, nie krank gewesen sei und als Kind nicht davon geträumt habe, Flieger zu werden. »Er ist gefragt worden, das Land brauchte Flieger.«

Anastassija Moissejewa gehört zu einer Generation junger Russen, die keine andere Staatsführung als die unter Wladimir Putin bewusst erlebt haben. Die Zeit der Sowjetunion kennt sie aus Geschichtsbüchern und Erzählungen. Wladimir Putin hat die Manipulation der Vergangenheit zu einem zentralen Bestandteil seiner Politik gemacht. Seine Macht fußt unter anderem darauf, dass er der Bevölkerung Selbstbewusstsein verleiht, indem er die Erinnerung an Erfolge der Sowjetunion hochleben lässt und sie zu russischen Erfolgen ummünzt. Die staatliche Propaganda eint die Menschen in Russland mit der immer weiteren Überhöhung zweier Ereignisse, des Sieges über Nazi-Deutschland 1945 und des ersten Fluges in den Kosmos von Juri Gagarin, zu großen Siegen des russischen Volkes.

In der offiziellen russischen Geschichtsschreibung bilden die Kiewer Rus, das frühmittelalterliche slawische Reich mit dem Zentrum in der heutigen Ukraine, das Russische Reich mit den Zarensitzen in Moskau und St. Petersburg, die von Lenin gegründete Sowjetunion und das heutige Russland eine Einheit. Brüche kommen in dieser Geschichte nicht vor. Der Massenmörder Stalin gilt heute laut offizieller Geschichtsschreibung als entschlossener Staatsmann, der das riesige Reich Sowjetunion einte, die Industrialisierung vorantrieb, die Sowjetunion mit starker Hand zum Sieg im Zweiten Weltkrieg führte und sie darüber hinaus zur Weltmacht machte. Stalins Terror gegen die eigene Bevölkerung wird zwar offiziell erwähnt, aber überlagert vom Bild des starken Führers. Dass die Menschen in vielen Sowjetrepubliken die Mitgliedschaft in der Sowjetunion als Besatzung betrachten, wird von vielen Russen nicht verstanden oder ignoriert, die Unterjochung von Polen, Ungarn und weiteren Staaten des ehemaligen Ostblocks nicht mal thematisiert. Patriotismus bedeutet im heutigen Russland, Negatives in der eigenen Geschichte auszusparen oder kleinzureden. »Mit der Geschichte deines Landes ist es wie mit

Anastassija Moissejewa am Grab Kapustins

deiner Mutter«, lautet eine weit verbreitete Meinung. »Über sie sagst du ja auch nichts Schlechtes.« Mittlerweile gibt es sogar Gesetze, denen zufolge bestraft werden kann, wer Fakten über die russische Geschichte verbreitet, die der offiziellen Sichtweise widersprechen.

»Manchmal müssen wir Historiker in eine Schlacht eintreten, um die Positionen unseres Staates und unsere Geschichte zu verteidigen«, sagt auch Moissejewa und wirft die Sowjetunion und Russland munter durcheinander. »Diese Geschichte war nicht in allen Momenten positiv, aber sie ist dennoch unsere Geschichte, eine andere haben wir nicht. Und deshalb achte ich die sowjetischen Führer und lasse nicht zu, dass die Vergangenheit umgedeutet wird.« Sie klingt fast wörtlich wie Putin. »Die Sowjetunion war eine Etappe in der gesetzmäßigen Entwicklung unserer Geschichte«, sprudelt es aus ihr heraus, »sie war ein strahlendes Ereignis innerhalb komplexer Prozesse, die damals abliefen.«

In Russland wurde der Staatsterror der Sowjetunion nie aufgearbeitet. In der Stalinzeit war es verboten, über Lager, Verbannung und

Exekutionen zu reden, das wirkt noch heute nach. Ganze Familienbiografien sind verloren gegangen. Junge Leute, die wissen wollen, warum ihre Familien eigentlich in Sibirien leben, müssen mühsam nach Antworten suchen und bekommen oft keine, denn die Groß- und Urgroßeltern durften nicht über ihre Zwangsumsiedlung sprechen und haben geschwiegen. Die Rolle des sowjetischen Geheimdienstes KGB und seiner Vorgängerorganisationen wird heute auch deshalb nicht näher thematisiert, weil sich der russische Geheimdienst als Nachfolger des KGB begreift. Unter Präsident Putin wird der Einfluss der Geheimdienstler immer größer, kein Wunder, ist er doch selbst einer von ihnen. Aus diesen Gründen ist den meisten Menschen in Russland heute nicht klar, was der Terror in den Jahren der Sowjetunion wirklich bedeutete. Sie betrachten ihn als eine Katastrophe, die über die Bevölkerung kam und gegen die man nichts unternehmen konnte, ähnlich einer Seuche wie der Pest. Dass es aber der Staat war, von dem der Terror ausging, und dass es die Bürger sind, die den Staat ausmachen, machen sich nur wenige bewusst. Einer Aufarbeitung sind damit klare Grenzen gesetzt. Täter bleiben namenlos, Opfer werden bedauernd als angeblich im Namen der großen Sache notwendig in Kauf genommen, Helden werden überhöht.

Unter ihren Vorfahren seien keine Opfer von Repressionen gewesen, erzählt Anastassija Moissejewa: »All meine Urgroßmütter und Urgroßväter haben in der Armee gekämpft. Meine Großmutter hat in einer Waffenfabrik an der Heimatfront gearbeitet, obwohl sie acht Kinder großzog. Aber selbst diejenigen, die in den Biografien ihrer Vorfahren auf Repressionen stoßen, sagen: ›Es wird schon seinen Grund gehabt haben.‹« Natürlich sei manches zu weit getrieben worden. »Aber von zwanzig Millionen Opfern der Repressionen zu sprechen, wie das jetzt geschieht, ist sehr stark übertrieben. Es gab Repressionen, aber sie hatten bei Weitem nicht das Ausmaß, das jetzt kolportiert wird.« Anastassija Moissejewa redet nun noch schneller. »Viele ziehen die Sowjetunion jetzt in den Dreck und sprechen von einem roten totalitären, harten Regime. Dem kann ich nicht zustimmen. Denn diese Zeit hat viele berühmte Gelehrte und viele bekannte Erfindungen hervorgebracht. Es gab eine Zeit, in der die Russländische Union … äh, die Sowjetunion, die zweitgrößte Wirtschaft der Welt war. Die Sowjetunion war das Land mit dem weltweit größten Anteil an Menschen mit Hochschulabschluss, es war das Land, in dem die Menschen weltweit am meisten gelesen haben – unsere sowjetischen Bürger! Deshalb denke ich, das Auseinanderbrechen der Sowjetunion ist die größte Tragödie des 20. Jahrhunderts für unseren Staat.« Auch dieser Satz ist ein wörtliches Zitat Wladimir Putins. In Wirklichkeit waren Anfang der Neunzigerjahre zunächst auch viele Russen froh über die neuen Freiheiten nach dem Zerfall der UdSSR, trotz der ökonomischen Schwierigkeiten und der Ungewissheit in jener Zeit. Doch eine regelrechte Freiheitsbewegung wie in anderen Sowjetrepubliken gab es in Russland nicht. Mit dem Ende der Sowjetunion wurde vielen Russen schlagartig klar, dass sie den Status der Zentralmacht verloren hatten und dass sich zum Beispiel ihre gewohnten Urlaubsorte wie die Krim oder Abchasien auf einmal im Ausland befanden. Und so brannte sich der Verlust ins kollektive Gedächtnis, nicht die Befreiung. Russland wird auch im Nachhinein nicht als eine von fünfzehn ehemaligen Sowjetrepubliken gesehen, sondern die Sowjetunion als eine Erweiterung Russlands.

»Russland war immer ein Vielvölkerstaat«, sagt Anastassija Moissejewa und setzt erneut die Sowjetunion mit Russland gleich. »In der Sowjetunion waren die Menschen einander Freunde, Kameraden und Brüder. Der Sowjetunion gelang es, schöne und freundschaftliche Beziehungen unter den fünfzehn Republiken, unter allen Völkern zu erhalten. Es gab niemals Diskriminierung, nicht ein Volk ist von der Landkarte Russlands verschwunden, solange dieser Staat existierte.« Natürlich sei es nicht angebracht, der Sowjetunion nachzuweinen, meint Moissejewa. »Aber wir sollten, und darüber wird im heutigen Russland sehr viel gesprochen, das Beste aus der Sowjetunion übernehmen: das Bildungssystem zum Beispiel, das ja einzigartig in der Welt war, und die zwischenmenschlichen Beziehungen. Die Menschen haben im Kommunismus in einem anderen Wertesystem gelebt, für sie standen freundschaftliche Beziehungen im Vordergrund.«

Dass die junge Generation in Russland nicht mit dem sowjetischen Erbe bricht, liegt unter anderem daran, dass dieses Erbe weiterhin überall im öffentlichen Raum präsent ist. Es ist symptomatisch, dass, während die meisten Nachfolgestaaten der Sowjetunion Lenindenkmäler entfernt haben, in Russland im Jahr 2017 noch sage und schreibe 2.771 von ihnen standen. Das ergab eine Zählung des britischen Senders BBC. Auch Straßen und Plätze in Russland tragen weiter Lenins Namen. Russlands erster Präsident Boris Jelzin hat versucht, mit der sowjetischen Vergangenheit und deren Lügen und Legenden zu brechen und den Heldenkult der Sowjetunion zu demontieren, und ist gescheitert.

Anastassija Moissejewa hat sich in ihrem Studium auf die Neunzigerjahre spezialisiert. Ihre Sicht auf diese Zeit entspricht ganz dem offiziellen Geschichtsbild. Ihr Blick ist nun nicht mehr so strahlend. »Für Russland, für Rostow waren die Neunziger schrecklich. Die Sowjetunion war zugrunde gegangen, viele Menschen wussten nicht, wie sie weiterleben sollten. Niemand hatte damals mit so viel Verbrechen und Bandenkriminalität gerechnet. Aber diese Zeit gehört auch zu unserer Geschichte. Genauso wie der skandalöse Zeitungsartikel damals.« Ihr Blick wird finster und zeigt Verachtung. »Dieser Grabstein ist bereits der zweite, das wissen Sie ja wahrscheinlich.« Natürlich hat Galina Kapustina ihr auch ausführlich von dem Prozess gegen die *Komsomolskaja Prawda* erzählt. »Den ersten Grabstein haben Vandalen nach dem Erscheinen des Artikels zerstört. Sie haben sogar darauf geschossen.« Sie zeigt auf die Büsche, die rund um das Grab wachsen. »Hier standen früher Blautannen, die Vandalen haben sie mit Farbe übergossen und angezündet. Sie haben Dutzende Grabstätten auf dem Friedhof verwüstet. Wer der Initiator war, wurde nie aufgeklärt. Es wurden zwar einige Jugendliche gefasst, aber natürlich stand jemand anderes dahinter.«

Anastassija Moissejewa möchte, dass sich so etwas in Russland nicht wiederholt. Deshalb hat sie die patriotische Jugendorganisation »Obschtschij interess« gegründet, »Allgemeines Interesse«. »Wir haben uns der patriotischen Erziehung verschrieben, organisieren Gedenkstunden an der Universität.« Der Vereinigung gehören nicht nur viele Jugendliche, sondern auch Professoren und Dozenten an. »Sie beraten uns wissenschaftlich«, erläutert Moissejewa. »Wir unternehmen mit jungen Rostowern Exkursionen an geschichtsträchtige Orte und veranstalten eine Art militärisches Grundtraining für Kinder, bei dem sie lernen, Verbände anzulegen oder Menschen zu beatmen. Wir klären auch über den Umgang mit Tieren auf, damit jedes Kind von klein auf lernt, den Wert eines Lebewesens zu schätzen und verantwortungsvoll mit ihm umzugehen. Das ist bei uns nämlich ein großes Problem. Außerdem haben wir ein Spiel zur Wahlthematik entworfen, um mehr Menschen dazu zu bringen, wählen zu gehen. Und wir haben ein Folklorefestival organisiert. Wir wollen unsere russischen Handwerkskünste populärer machen und Volksmärchen und Volkstänze vermitteln.« Eine zentrale Rolle spielt die Geschichte von Boris Kapustin. »Der Rostower Bürger Kapustin ist ein sehr würdiges Vorbild, dem die junge Generation nacheifern sollte. Er hat sich im Moment des Absturzes für die Unsterblichkeit entschieden.«

Anastassija Moissejewa nimmt ihr Smartphone aus der Umhängetasche, um ein Taxi zu rufen. Ihre Leinenschuhe quietschen auf dem Pflaster, während sie auf und ab geht. Sie hat bereits einen Ort für das zu errichtende Denkmal ausgesucht, an der Kapustinstraße. »Ich kannte diese Straße lange, bevor ich Galina Andrejewna traf. Aber man fragt sich ja nicht immer, wer die Person ist, nach der eine Straße benannt ist. So geht es vielen Rostowern, sie wissen nichts über diesen Helden.«

Im Taxi diskutiert sie kurz mit dem Fahrer über den besten Weg zur Kapustinstraße. Sie ist in Schwung: »Wissen Sie, wer Kapustin war?«

»Kapustin? Ehrlich gesagt, ich erinnere mich nicht. Meiner Meinung nach ein Held der Sowjetunion …«

»Wie lange leben Sie schon in Rostow?«

»Zwanzig Jahre. Ich heiße übrigens Mischa.«

»Nastja.«

Am Rückspiegel baumelt eine orange-schwarz gestreifte Schleife: das Georgsband. Es ist das wahrscheinlich am stärksten missbrauchte Symbol der Ära Putin. Eingeführt im 18. Jahrhundert von Zarin Katharina der Großen, war es zunächst ein Zeichen für besondere Tapferkeit im Militär. In der Sowjetunion wurde es unter dem Titel Gardeband verliehen. Seit 2005 dient es der Erinnerung an den Großen Vaterländischen Krieg. Als sich im Winter 2011/2012 in Moskau Proteste gegen Wladimir Putin und dessen Rückkehr ins Präsidentenamt formierten und zigtausende Menschen mit weißen Schleifen für einen demokratischen Wechsel auf die Straße gingen, setzten Putins Unterstützer das orange-schwarze Band dagegen und vereinnahmten damit den Sieg der Roten Armee über Nazi-Deutschland. In dieser Zeit wurde die orange-schwarze Schleife Erkennungszeichen derer, die Demokraten als Faschisten bezeichnen, um sie unter diesem Vorwand besser bekämpfen zu können. Viele dieser selbst ernannten »Kämpfer gegen den Faschismus« predigen selbst Nationalismus und Rassismus, schüren Hass auf sexuelle Minderheiten. Das Georgsband hing an den Waffen der Terroristen, die 2014 Krieg in die Ukraine trugen. 2015 verkündete Dmitri Kisseljow, Chef der staatlichen russischen Informationsagentur »Russland heute«, bei einer Pressekonferenz in Moskau: »Das Georgsband hat heute ganz neue Bedeutungen erhalten. Es ist Symbol des Kampfes für die menschliche Zivilisation und gegen die Dominanz einer Weltmacht geworden.« Er meinte die USA. »Es ist Zeit, dass wir den Staffelstab von den Veteranen übernehmen und die Freiheit der Zivilisation entschieden verteidigen.« Das Georgsband mutierte vom Symbol derer, die die Nazis besiegten, zum Symbol für russischen Imperialismus und Chauvinismus. Seit einigen Jahren ist die Schleife regelrecht Pop. Vor dem 9. Mai, dem Tag des Sieges, gibt es das Georgsband gratis an russischen Supermarktkassen; es hängt ganzjährig an Autoantennen, an Taschen und Revers, prangt auf Werbetafeln, im Fernsehen, an Häuserwänden – und eben an Mischas Rückspiegel.

»Nein, Kapustin ist kein Held der Sowjetunion«, führt Anastassija Moissejewa das Gespräch mit dem Taxifahrer fort. »Breschnew hat ihm diesen Ehrentitel verweigert, weil Kapustin sich einem Befehl widersetzt hatte.«

»Interessant. Was für einem Befehl?«

Moissejewa fasst die Geschichte kurz zusammen, erzählt vom Überführungsflug von Finow nach Köthen, vom Versagen der Triebwerke.

»Wie durch ein Wunder haben sie das Flugzeug von der Stadt abgewendet und sind bis zu einem Damm am Stößensee gekommen.«

»Und sind gelandet?«

»Nein, sie haben es bis zum Damm geschafft und sind dann umgekommen. Sie haben den Schleudersitz nicht betätigt, weil ihnen klar war, dass das Flugzeug sich dann zu einer Seite hätte neigen können. Es wäre unklar gewesen, wie dann die weitere Flugbahn verlaufen wäre.«

»Deshalb habe ich gedacht, er sei Held der Sowjetunion … Den Orden haben sie ihm also nicht verliehen?«

»Kapustin hat den Rotbannerorden bekommen. Aber wir wollen, dass er posthum den Titel Held Russlands bekommt.«

»Sie wollen das, aber schaffen Sie das auch?«

Moissejewa lacht. »Wir wollen auch ein Denkmal für ihn bauen an der Kapustinstraße, die ist ja nach ihm benannt.«

Mischa lacht auch, deutet auf den Fahrgast auf der Rückbank: »Und die Deutschen helfen dabei?« Er dreht sich um: »Sie sind doch Deutsche? Deutsche lieben Schaschlik.« Schaschlik gehört in Russland zum Picknick wie in Deutschland ein Kuchen.

»Na ja, unsere Kameraden aus Deutschland helfen uns. Im Gegensatz zu den Menschen hier gedenken sie der Heldentat. In Deutschland stehen Denkmäler und Gedenktafeln. Bei uns ist nur die Schule Nr. 51 nach Kapustin benannt, dort hängt eine Tafel, das ist alles. Und es gibt die Straße.« Dann erzählt Anastassija von einer Umfrage, die ihre Organisation »Allgemeines Interesse« in Rostow durchgeführt hat. »Wir wollten wissen, ob die Leute den Namen Kapustin, Boris Wladislawowitsch, kennen, und ob sie wissen, warum eine Straße nach ihm benannt ist. Es kam heraus, dass nicht ein Einziger das richtig beantworten konnte. Einige haben vermutet, dass er Kosmonaut oder Flieger war, aber nur, weil in dem Viertel alle Straßen nach dieser Thematik und entsprechenden Helden benannt sind.«

»Auch ich habe erst jetzt von ihm gehört«, räumt Mischa ein. »Ich bin aber auch nicht aus Russland. Ich bin aus Bergkarabach nach Rostow gekommen.«

»Machen Sie sich nichts daraus«, entgegnet Moissejewa. »Ich

wusste auch nichts über Kapustin, bis ich seine Witwe kennenlernte. Sie hat mich kolossal beeindruckt. Nach der Begegnung mit ihr habe ich angefangen, mich für seine Heldentat zu interessieren. Und jetzt kenne ich die Heldentat unseres Landsmanns und seine Biografie besser als die Geschichte vieler meiner Verwandten. Er ist wie ein Teil meines Lebens und Galina Andrejewna ist für mich wie eine Verwandte. Sie freut sich immer so sehr, wenn ich sie besuche. Und wir kommen gemeinsam gut voran. Wir wollen nämlich beide, dass alle anderen Rostower auch wissen, dass Kapustin ein Mensch war, der Verehrung und Gedenken verdient hat.«

Der Verkehr stockt, die Fahrt zieht sich. Rostow hat etwa eine Million Einwohner. »Laut Statistik des Verkehrsministeriums liegen wir in der Liste der russischen Städte mit den meisten Staus auf Platz zwei«, sagt Moissejewa, während sie auf ihrem Mobiltelefon die Fahrtroute durchgeht. Die Strecke zur Kapustinstraße ist komplett rot markiert. Sie lotst den Fahrer über einen Schleichweg. Mischa erzählt derweil von einem Freund in Deutschland. »Wir kennen uns seit unserer Jugend. Er ist auch Armenier und nach Deutschland gezogen. Er hat mich eingeladen, ihn zu besuchen. Das ist schon drei Jahre her. Ich hatte bisher keine Zeit, hinzufahren. Deutschland ist klein, oder? Es passt zweimal in das Gebiet Rostow.« Mischa irrt erneut. Deutschland ist dreimal so groß wie das Gebiet Rostow.

Wir erreichen die Kapustinstraße am Rand einer Hochhaussiedlung. Gegenüber erstreckt sich der Park »Druschba«, der Freundschaftspark. Eine Treppe führt hinunter zu einem Stausee. Am Ufer liegen Boote, eine Wasserskianlage zieht Menschen im Kreis über den See. Anastassija Moissejewa steigt aus und atmet tief ein. »Hier an der Treppe soll das Denkmal stehen. Der gesamte Platz soll so umgebaut werden, dass er zum Verweilen einlädt.« Sie holt einen Bogen Papier aus ihrer Umhängetasche. Es ist die gleiche Skizze, die auch Galina Kapustina im Krankenhaus gezeigt hat: ein Flugzeugflügel mit der Landkarte Berlins, darauf die beiden Männer in Fliegerjacken mit den nach hinten gekämmten Haaren und dem entschlossen nach vorn gerichteten Blick; Kapustin mit der erhobenen rechten Hand, als schütze er seine Augen vor der Sonne. »Galina Andrejewna sagt,

Rostow am Don: Hier soll das Denkmal errichtet werden

das war eine seiner Lieblingsposen. Er hatte immer einen offenen Blick, wollte immer etwas weiter sehen, als es das menschliche Auge erlaubt.« Moissejewa tritt zur Seite, um zwei jungen Frauen mit Kinderwagen Platz zu machen. »Hier ist genau der richtige Ort für das Denkmal. Hier gehen viele Leute mit Kindern spazieren und nebenan sind auch noch Institute und Schulen. Der Park ist deshalb sehr belebt. Es wird ein grandioser Bau. So ein großes Denkmal gab es hier, denke ich, noch nie.«

Das Einverständnis des Parkdirektors hat Moissejewa längst. Auch der Chef der Stadtverwaltung habe keine Einwände, erzählt sie, er unternehme allerdings nichts, um das Projekt voranzubringen. »Die einzige Frage, die noch offen ist, ist die Finanzierung.« Weshalb Politiker und Beamte in Rostow das Vorhaben bremsen, deutet Moissejewa nur an. Das Schlüsselwort heißt »Otkat« und beschreibt eines der größten Probleme der russischen Gesellschaft. Übersetzen kann man es mit »Schmiergeld«. Der Mechanismus ist immer gleich: Eine staatliche Stelle bestellt eine Ware oder eine Dienstleistung. In Absprache mit dem Auftragnehmer wird ein überhöhter Preis angesetzt. Die Differenz zwischen dem tatsächlichen und dem bezahlten Preis fließt zurück in die Taschen der beteiligten Beamten. Budgets von Städten und Regionen in ganz Russland werden so geschröpft. Im Baugewerbe soll die »Belohnung« für zustande gekommene Verträge Insidern zufolge bis zu vierzig Prozent der Bausumme ausmachen. Dabei schreiben auch in Russland Gesetze vor, dass öffentliche Ausschreibungen transparent erfolgen müssen und Qualität und Preis gegeneinander abzuwägen sind. Doch stattdessen gehen die Aufträge häufig an Unternehmen, die mit einem der Mächtigen in Politik oder Verwaltung verbunden sind. Längst ist das Problem Thema in den Ansprachen des russischen Präsidenten.

Die größte Hürde für das Denkmal für Kapustin und Janow in Rostow am Don könnte denn auch darin bestehen, dass sich für die zuständigen Beamten bei dem Vorhaben kaum oder gar kein Geld abzweigen lässt. Denn erstens hat Anastassija Moissejewa kein Geld und zweitens steht der Bildhauer für sie bereits fest, sein Entwurf für das Denkmal ist fertig. Wenn es nach ihr geht, ist kein weiterer Auftrag nötig. Moissejewa plant deshalb, Stellen in Moskau einzuschalten. Auch dieser Mechanismus ist tief in der russischen Gesellschaft verankert und funktioniert nicht weniger gut als der »Otkat«. Das kann man bei der jährlichen Fernsehsprechstunde des Präsidenten verfolgen. Getreu dem Motto »Der Zar ist gut, die Adligen sind schlecht« berichten Bürger aus allen Ecken Russlands Putin von ihren Alltagssorgen. Die vier bis fünf Stunden dauernde Sprechstunde wird live übertragen. Jahr für Jahr klagen die Menschen über die immer stärker grassierende Korruption. Wladimir Putin verspricht jedes Mal, sich persönlich zu kümmern, tadelt die zuständigen Bürgermeister oder Gouverneure, die eine Sache verschlampt haben, und nicht selten verschwinden Schlaglöcher oder entstehen Kinderspielplätze dann tatsächlich wie von Zauberhand. Anastassija Moissejewa überlegt, nicht direkt an Putin zu schreiben, aber an Wladimir Medinski. Der ist zwar seit Anfang 2020 nicht mehr Kulturminister, jedoch immer noch Vorsitzender der mächtigen Russländischen Militärhistorischen Gesellschaft und Berater des Präsidenten. Sie weiß, dass sie gute Chancen hat, dort Unterstützung zu bekommen. Engagement ist willkommen, solange die Bürger keine kritischen Fragen stellen. Und das Bild, das Moissejewa und ihre Organisation »Allgemeines Interesse« von Boris Kapustin vermitteln wollen, taugt hervorragend, um Patriotismus zu fördern. »Er wurde nicht erst in der letzten Minute zum Helden. Sein gesamtes voriges Leben war heldenhaft: die Art, wie er lebte, wie er sich gegenüber seiner Familie und seiner Heimat verhielt. In ganz alltäglichen Dingen handelte er würdig, geleitet vom Stolz auf sein Land und von wahrhaftiger Liebe zu seinem Vaterland und zum Menschen, zu allen Menschen.« Sie lächelt selbstbewusst. »Das Denkmal wird kommen. Es ist nur eine Frage der Zeit. Sie werden schon sehen.«

8 Der Bildhauer
Moskau

Am Morgen des 30. Juni 2020 macht sich Andrej Korobzow auf den Weg nach Westen. Er verlässt Moskau auf der Fernstraße 9 und fährt etwa zweihundert Kilometer nach Rschew. Bei der Kleinstadt tobte von Januar 1942 bis März 1943 eine der erbarmungslosesten Schlachten des Zweiten Weltkrieges. Weit mehr als eine Million Soldaten kamen ums Leben. »Eine monströse Zahl«, wird Wladimir Putin später am Tag sagen. In Russland wird die Schlacht »Fleischwolf von Rschew« genannt.

Auch Putin ist an diesem Morgen auf dem Weg nach Rschew. Er wird dort ein Denkmal für die Schlacht einweihen, einen fünfundzwanzig Meter großen Soldaten aus achtzig Tonnen Bronze auf einem zehn Meter hohen Hügel. Die Landschaft ist flach, der Soldat weit sichtbar. Das dunkle Metall glänzt silbrig in der Sommersonne. Der Soldat hat den Kopf gesenkt, blickt leicht nach unten, ernst und ein wenig in sich gekehrt. In der rechten Hand hält er die berühmte Maschinenpistole mit der runden Trommel aus dem Zweiten Weltkrieg. Von der Hüfte abwärts lösen sich Kraniche aus seinem Mantel und seinen Beinen. Sein Rock wird löchrig, verschwindet förmlich. Der Soldat scheint über dem Boden zu schweben.

Der Soldat ist Korobzows Werk, die Einweihung des Denkmals durch Putin wird der bisherige Höhepunkt seines künstlerischen Schaffens. »Wir wollten das Bild seines Geistes schaffen: Es ist ein gefallener Soldat, von dem nichts übrig geblieben ist; vielleicht ein unbekannter Soldat, der bei Rschew gekämpft hat«, erläutert der Bildhauer. »Sein Geist schwebt über dem Schlachtfeld und macht sich bereit, auf einem Schwarm Kraniche davonzufliegen.« Korobzow hat ein bekanntes und beliebtes Motiv aufgegriffen. Es sei Zeit, dass sich Soldaten, die nicht von den blutigen Schlachtfeldern heimgekehrt seien, in weiße Kraniche verwandeln, heißt es in dem populären russischen Chanson *Schurawli*, »Kraniche«. Im Flug rufen die Vögel die Namen derer, die auf der Erde zurückgelassen wurden. Den Text schrieb der sowjetische Dichter Rassul Gamsatow 1965, nachdem er den Friedenspark im japanischen Hiroshima besucht hatte. *Wenn die Kraniche ziehen* heißt auch einer der berührendsten sowjetischen Filme der Nachkriegszeit. 1958 gewann er die Goldene Palme in Cannes.

Das Denkmal bei Rschew haben Veteranen finanziert, so heißt es zumindest offiziell. Gefördert wurde es vom russischen Kulturministerium, von der Russländischen Militärhistorischen Gesellschaft und vom Russisch-Belarussischen Bündnisstaat. Diese Staatenunion zwischen Russland und Belarus wurde 1999 gegründet, bestand aber lange Zeit vor allem auf dem Papier. Der belarussische Diktator Alexander Lukaschenko hatte sich Hoffnungen gemacht, als Präsident eines Bündnisstaates in den Kreml einzuziehen, denn Russlands damaliges Staatsoberhaupt, Boris Jelzin, war bereits schwer krank und schwach. Doch kaum war der Vertrag über den Unionsstaat unterzeichnet, kam in Russland Wladimir Putin an die Macht. Seitdem hatte es Lukaschenko nicht mehr so eilig damit, dem Bündnisvertrag Leben einzuhauchen. Im Juni 2020 ist der Präsident von Belarus innenpolitisch unter Druck. Es stehen Wahlen bevor. Lukaschenko hat sämtliche Bewerber der Opposition ausschließen oder verhaften lassen. Die EU protestiert, und auch in Belarus selbst formiert sich Widerstand. So sucht Lukaschenko den Kontakt zu Putin und ist auch bei der Einweihung des Denkmals im russischen Rschew persönlich dabei. Es ist eine ganz große Sache.

Der Bildhauer Andrej Korobzow ist gut im Geschäft. Er ist es gewohnt, Ausschreibungen für solche Denkmäler zu gewinnen; man könnte ihn den Lieblingsbildhauer der Militärhistorischen Gesellschaft nennen. Er hat das zentrale Monument gemeinsam mit seinem Partner, dem Architekten Konstantin Fomin, entworfen. Die beiden haben sich bereits im Studium zusammengetan und sich gemeinsam auf patriotische Arbeiten spezialisiert. »Patriotismus bedeutet, sein

Land zu lieben«, erklärt Korobzow, »und alles, was von einem abhängt, zu tun, damit es aufblüht.« Auf seiner Website heißt es, in seinem Werk spiegele sich »die patriotische Haltung des Künstlers, seine Liebe zur Vergangenheit und zur Gegenwart seines Landes. Die meisten Werke von Korobzow sind Helden gewidmet, die zu Vorbildern körperlicher und geistiger Stärke geworden sind.« Auch die sowjetischen Piloten Boris Kapustin und Juri Janow haben aus seiner Sicht geistige Stärke bewiesen. Von ihrer Geschichte hat er 2016 erfahren. Er war er in Rostow am Don und traf dort mehr oder weniger zufällig Anastassija Moissejewa, die ihn mit Galina Kapustina bekannt machte. Von dem, was die alte Dame ihm über ihren Mann und den Absturz in den Stößensee erzählte, war er so bewegt, dass er sich, zurück in Moskau, sofort an die Arbeit machte und das Denkmal für Kapustin und Janow entwarf, ganz ohne Auftrag und Budget. Korobzow sagt, dass er gern auch mehr Ballerinen abbilden würde: »Ich fände es schön, wenn mehr Denkmäler für Kulturschaffende, für Dichter und Komponisten errichtet würden. Das geschieht, scheint mir, zu selten.«

Bei Rschew spielt jetzt eine Militärkapelle getragene Musik. Rote Fahnen mit Hammer und Sichel wehen. Soldaten in Paradeuniform legen ein Blumengebinde nieder. Es ist mit einem riesigen Georgsband verziert. Putin und Lukaschenko folgen mit roten Nelken. Je länger Putin an der Macht ist, desto sowjetischer wird die Bildsprache bei derartigen Zeremonien. Auch die musikalische Untermalung mit Siegesliedern und Märschen lässt Erinnerungen an die UdSSR wach werden. Coronabedingt sind nur wenige Gäste eingeladen. Eigentlich hätte die Gedenkstätte schon einige Wochen früher eröffnet werden sollen, am 9. Mai, zum 75. Jahrestag des Sieges über Hitler-Deutschland. Die Pandemie ließ es nicht zu.

»In einem früheren Entwurf sah der Soldat älter aus«, erzählt Korobzow. »Ich wurde dann gebeten, das Gesicht jünger zu machen, denn hier waren sehr viele junge Männer im Einsatz, viele waren gerade mal achtzehn Jahre alt.« Anders als über die in ihrer Grausamkeit vergleichbare Schlacht von Stalingrad wurde über das Massensterben bei Rschew jahrzehntelang nicht gesprochen. In den sowjetischen Geschichtsbüchern war stattdessen von »vier Operationen an der Kalinin-Front« die Rede. Lange erinnerte nur ein Gedicht von Alexander Twardowski aus dem Jahr 1946 an die Schlacht. »Es heißt, dass das militärische Kommando hier nicht besonders klug agierte, und dass deshalb nicht darüber geredet und auch kein Denkmal errichtet wurde«, erläutert Korobzow. Fehlentscheidungen auf der sowjetischen Seite führten dazu, dass die Rote Armee die Wehrmacht trotz zahlenmäßiger Überlegenheit lange nicht besiegen konnte. Niemand übernahm die Verantwortung für die Katastrophe.

Bis vor Kurzem habe man in der offiziellen Geschichtsschreibung nicht viel über die Schlacht von Rschew gesprochen, erläutert auch Putin bei seiner Festansprache, und selbst die Kriegsteilnehmer hätten weitgehend geschwiegen: Zu schrecklich seien die Erinnerungen an den »Fleischwolf von Rschew«. »Jeder Hain, jeder Hügel, jeder Meter Land war umkämpft.« Die Fehlentscheidungen der militärischen Führung, den wahren Grund des Schweigens, erwähnt Russlands Präsident auch jetzt, 75 Jahre nach Kriegsende, mit keinem Wort. Stattdessen lässt er neben der Trauer um die Opfer vor allem deren Heldenmut aufleben: »Hinter jedem Gefallenen erhob sich erneut ein sowjetischer Soldat in die Schlacht. Die unglaubliche Wut dieses Kampfes zermürbte den Feind, vernichtete und untergrub die riesige Kriegsmaschine des Dritten Reiches.«

Entscheidungen der sowjetischen Militärführung zu hinterfragen, ist auch Jahrzehnte später ein Tabu. Anfang 2014 bekam der russische Fernsehsender *Doschd* das zu spüren. Er hatte seine Zuschauer anlässlich des 70. Jahrestages des Endes der Blockade von Leningrad gefragt, ob die Stadt während der Belagerung besser hätte kapitulieren sollen, um Menschenleben zu retten. Während der zweieinhalb Jahre dauernden Einkesselung durch die Wehrmacht verhungerten in Leningrad etwa eine Million Menschen, es ist eines der furchtbarsten Kapitel der deutschen Verbrechen gegen die sowjetische Zivilbevölkerung und im deutschen Gedächtnis beschämend wenig präsent. Die Frage der Journalisten von *Doschd* mag unbedacht gewesen sein und darüber hinaus hypothetisch, denn die Wehrmacht hatte den Befehl, eine eventuelle Kapitulation nicht anzunehmen, schließlich wollte man die »Untermenschen« im Osten vernichten. Die Reaktion der russischen Eliten war allerdings völlig unangemessen. Medinski fand die Umfrage des Fernsehsenders »unmoralisch«, es seien »keine Menschen«, die so eine Frage stellten. Die Duma-Abgeordnete Irina Jarowaja von der Kreml-Partei Einiges Russland sah sogar »das heilige Gedenken an den Krieg beleidigt« und forderte, das Verhalten des Senders als Verherrlichung des Nationalsozialismus zu ahnden. Die Sache endete damit, dass *Doschd* aus den Angeboten der Kabelanbieter verschwand – offenbar auf Druck der Regierenden, denen der Sender aufgrund seiner unabhängigen Berichterstattung ohnehin ein Dorn im Auge war. Seitdem ist *Doschd* ein marginaler Bezahlsender im Internet.

Mittlerweile ist es noch gefährlicher geworden, die offizielle russisch-sowjetische Geschichte zu hinterfragen, daran lässt Präsident Putin an diesem Sommertag im Juni 2020 am Fuße des monumentalen Bronzesoldaten keinen Zweifel. »Die Gedenkstätte bei Rschew ist ein weiteres Symbol unseres gemeinsamen Gedenkens, ein Symbol der Verbeugung vor der großen und selbstlosen Ruhmestat des heldenhaften Soldaten, des Soldaten, der befreite, des siegreichen Soldaten, des Soldaten, der Europa und die ganze Welt vor dem Nazismus gerettet hat. Die Zeit hat keine Macht über diese Heldentat und sie darf, sie kann niemals vergessen und schon gar nicht mit Lügen und Verfälschungen ausgelöscht oder beschmiert werden. Wir werden so etwas nicht zulassen.« Putin sagt, was er eigentlich immer bei solchen Gelegenheiten sagt: »Die Tapferkeit und Standhaftigkeit unserer Väter, Großväter, Urgroßväter, ihre grenzenlose Liebe zur Heimat werden unser wichtigster moralischer Kompass sein. Wir sind verpflichtet, uns dieses höchsten moralischen Anspruchs in unseren heutigen Taten und Handlungen würdig zu erweisen. Wir sind verpflichtet, die historische Wahrheit als einen lebendigen Faden, der die Generationen in unserem Land und darüber hinaus verbindet, zu hegen und zu bewahren.« Das klingt edel und anständig angesichts der Millionen Toten, und es macht jede wissenschaftliche Herangehensweise an Geschichte zum Verrat. Das betrifft auch den Umgang mit Stalin. Die Gedenkanlage für den Sowjetischen Soldaten bei Rschew ist eine

Außenstelle des Siegesmuseums auf dem Poklonnaja Gora, dem zentralen Erinnerungskomplex in Moskau. Zu ihm gehört auch »Stalins Hauptquartier« in Choroschewo, nur wenige Kilometer entfernt am anderen Ende von Rschew. Dort soll Stalin 1943 bei einem Frontbesuch eine Nacht verbracht haben. 2015 wurde in dem Holzhaus ein »Museum der Kalinin-Front« eröffnet. Es zeigt unter anderem Stalins Anteil am Sieg über den Faschismus. Ungeachtet zahlreicher und frühzeitiger Proteste von Historikern und Vertretern von Menschenrechtsorganisationen wurde vor dem Haus in Choroschewo auch eine Stalinbüste enthüllt.

Die Machthaber verstehen es, »patriotisch« gesinnte Bewegungen einzubinden. In seiner Rede bei Rschew dankt Putin »den Suchenden, die den Gefallenen ihre Namen und ihren Familien und Nachkommen einen Teil der Familiengeschichte zurückgeben«. Das ist wörtlich zu verstehen. Stalin ließ nach dem Krieg Wald auf Schlachtfeldern pflanzen und Felder bestellen. Er hatte kein Interesse an hohen Opferzahlen. Doch Boden bewegt sich, und die Gebeine der Gefallenen wandern. Ständig kommen Knochen an die Oberfläche. Die Erde schwitzt die Toten aus. Noch heute suchen Freiwilligentrupps, oft junge Menschen, in Russland nach den Gebeinen der Gefallenen des Zweiten Weltkrieges. Die Chancen, deutsche Soldaten zu identifizieren, sind dabei größer, denn deren metallene Erkennungsmarken haben die Jahrzehnte im Erdreich überstanden. Bei den sowjetischen Soldaten ist es schwieriger, viele hatte keine Erkennungsmarken, andere trugen ihren Namen auf einem Stück Papier in einem Holzkästchen bei sich. Auch bei Rschew haben die Freiwilligen in den letzten Jahren nur einen Teil der Gefallenen identifizieren können. Noch längst sind nicht alle Toten geborgen. Ihre Namen sind auf Wänden zu lesen, Porträts säumen den Weg zu dem Hügel mit dem Bronzesoldaten.

Einzelschicksale herauszugreifen ist derzeit im Trend. Auch das erhöht die Chance, dass Korobzows Denkmal für Kapustin und Janow aufgestellt wird. Anders als zu Sowjetzeiten, als der Staat alles, das Individuum nichts war, ist es in Russland heute weit verbreitet, Namen zu nennen, Geschichte zu personalisieren. Gerade junge Leute interessieren sich für die Schicksale ihrer Vorfahren. Die russische Führung fördert und vereinnahmt das. Besonders deutlich wurde das beim »Unsterblichen Regiment«. Diese Aktion wurde 2012 im sibirischen Tomsk ins Leben gerufen. Eine kleine Gruppe von Journalisten rief die Bürger angesichts der Tatsache, dass die letzten Weltkriegsveteranen allmählich aus dem Leben scheiden, dazu auf, am 9. Mai mit Porträts ihrer Vorfahren in stillem Gedenken durch die Straßen zu ziehen. Sie trafen einen Nerv der Bevölkerung. Bald beteiligten sich Menschen in ganz Russland und sogar im Ausland – ein würdevoller Kontrast zur offiziellen Siegesparade mit Panzern, Raketenwerfern und Kampfflugzeugen auf dem Roten Platz in Moskau. Es dauerte nicht lange, bis die Obrigkeit die Initiative aufgriff. Bereits drei Jahre später, am siebzigsten Jahrestag des Kriegsendes in Europa, setzte sich Wladimir Putin gleich nach der Siegesparade auf dem Roten Platz an die Spitze des Umzugs und marschierte mit einem Bild seines Vaters in der Hand durch die Stadt. Mittlerweile ist aus dem privaten Gedenken ein staatliches Ritual geworden. Die Namens- und Fotowände in der Gedenkstätte bei Rschew sind auch in diesem Kontext zu sehen.

»Ich möchte mich bei allen bedanken, die an der Schaffung der Gedenkstätte beteiligt waren«, schließt Präsident Putin seine Ansprache zur Einweihung des Denkmals, »bei den Strukturen des Russisch-Belarusischen Unionsstaates, bei unseren Bürgern, die für den Bau der Gedenkstätte gespendet haben, bei der Russländischen Militärhistorischen Gesellschaft und natürlich bei dem talentierten Autorenteam. Es ist einfach ein wunderbares, schönes Werk.« Korobzow errötet leicht.

Ende 2018, eineinhalb Jahre vor dem Festakt bei Rschew. In Moskau liegt Schnee, und Andrej Korobzow führt durch sein Atelier in einem schmucklosen Gebäude des Russisch-Belarussischen Unionsstaates. Auch Anastassija Moissejewa ist da. Sie ist sichtlich stolz, den erfolgreichen Bildhauer für ihr Projekt gewonnen zu haben. Gemeinsam wollen sie das Modell des Denkmals für Kapustin und Janow zeigen. Der Raum ist klein. Neonlicht, Linoleumboden. Überall Skulpturen. Die meisten stellen Krieger dar. Hinter einem Sack

Andrej Korobzow beim Interview mit Gesine Dornblüth. Im Hintergrund der Soldat von Rschew.

voller Gips und leeren Farbeimern steht ein Entwurf des Soldaten von Rschew. Korobzow hat wenig Zeit, die Arbeit daran ist gerade in der Schlussphase. Auf einem Podest lauert ein bronzener Schäferhund in Habachtstellung, sprungbereit mit aufgestellten Ohren und aufmerksamem Blick. Um seinen Leib ist eine Weste geschnallt: Sprengstoff. »Im Großen Vaterländischen Krieg haben Hunde mehr als 300 feindliche Panzer gesprengt und 700.000 Verwundete vom Schlachtfeld geborgen«, erläutert Korobzow. Der »Fronthund« steht im Siegespark in Moskau. »Es ist eine meiner Lieblingsarbeiten. Zur Enthüllung 2013 kamen Veteranen, die selbst von Hunden gerettet wurden. Sie haben geweint.« Gerade war Korobzow in Komsomolsk am Amur im Fernen Osten. Dort wurde die »Allee der Marschälle des Sieges« eröffnet, sie besteht aus elf Büsten sowjetischer Heeresführer, darunter Josef Stalin, allesamt geformt von Korobzow nach ihrem Äußeren im Jahr 1945 und mit Orden an der Brust.

Korobzow kramt drei Becher und eine Plastiktüte mit Teebeuteln aus einem Regal. »Grün oder schwarz?« Zwischen Ikonen, einer

Kerze, einem nachkolorierten Bild des letzten russischen Zaren und dem Foto eines jungen Soldaten vor den Farben der Romanows findet er eine Packung Kekse. Er setzt Wasser auf, dann zeigt er einige seiner Werke. Auf einer Lautsprecherbox steht Großfürst Iwan III. In schweren Stiefeln und mit wehendem Umhang schreitet er voran, eine Hand nach vorn gestreckt, in der anderen hält er einen Stab mit einem Adler, der seine Schwingen ausbreitet. Iwan III. gelang es im 15. Jahrhundert, die Tatarenherrschaft zu beenden, er unterwarf weite Gebiete im heutigen Zentralrussland, darunter das Gebiet Rostow am Don, und legte damit den Grundstein für den russischen Staat mit Moskau als Zentrum. Die Russländische Militärhistorische Gesellschaft nennt ihn den »vielleicht am meisten unterschätzten Herrscher Russlands«. Das Denkmal wurde 2017 vor dem Gebäude der Gebietsverwaltung in Kaluga enthüllt. Auf einem Eckregal thront Alexander Newski, ein Nationalheld aus dem Mittelalter, etwa einen Meter hoch, im Kettenhemd mit Helm, die Hand am Schwert. Im 13. Jahrhundert schlug er die Schweden an der Newa und stoppte die Invasion deutscher Kreuzritter. Die russisch-orthodoxe Kirche hat ihn heiliggesprochen. 2021 wird das Verteidigungsministerium anlässlich des 800. Geburtstages von Alexander Newski eine Ausstellung mit zeitgenössischen Kunstwerken zum Leben des Fürsten organisieren. »Spüren Sie die Kraft unserer Krieger, die Tiefe der Seele des russischen Menschen des 13. Jahrhunderts und des russischen Menschen heute«, wird der stellvertretende Verteidigungsminister den Besuchern sagen. Zwischen all den steingewordenen Soldaten und mittelalterlichen Fürsten scheinen Korobzows Miniaturen von Ballerinen buchstäblich zu schweben, so grazil sind sie, mal im Sprung im Tutu, mal im Duett mit Partner. »Ich habe versucht, die Schwerelosigkeit abzubilden. Sie fasziniert mich«, sagt der Künstler und lächelt. Korobzows Frau ist Ballerina am Bolschoi-Theater, sie hat seine Leidenschaft für Tänzerinnen geweckt. »Ich mag Ballett, religiös-patriotische Themen und historische Figuren.«

Die Russländische Militärhistorische Gesellschaft hat seit ihrer Gründung 2012 im Rahmen ihres Projekts »Monumentale Propaganda« – es heißt wirklich so – mehr als 250 Denkmäler in Russland und außerhalb des Landes errichten lassen, darunter ein Denkmal für Großfürst Wladimir, der das Christentum in die Kiewer Rus brachte, eine Gedenkstätte für die Helden des Ersten Weltkrieges, ein Denkmal für den letzten Zaren Nikolaus II. und eines für Michail Kalaschnikow, den Erfinder des berühmten sowjetischen Sturmgewehrs. Ästhetisch knüpfen die Arbeiten an die Kulturpolitik der Sowjetunion an: Die Abbildungen sind monumental, konkret, heroisch. Sie harmonieren mit den unzähligen sowjetischen Kunstwerken, die noch immer im ganzen Land zu finden sind: Schachtarbeiter neben glücklichen Bäuerinnen, Obelisken mit rotem Stern an der Spitze, Reliefs mit Hammer und Sichel an Fassaden, in der Metro blattgüldene Szenen vom Aufbau des Sozialismus zum Wohle der Proletarier dieser Welt, Soldaten auf den Barrikaden und natürlich Lenin. Getreu der geschichtspolitischen Leitlinie, dass es sich bei der russischen Historie um eine kontinuierliche Abfolge von Siegen handele, produziert die Propaganda, anders als zu Sowjetzeiten, einen kruden Mix widersprüchlichster Heldenfiguren. Es sind Stalinbüsten ebenso wie Zarendenkmäler. Nur die Revolution findet keine Gnade, weil gewaltsame Umbrüche nicht ins Konzept der Regierung passen. Korobzow hat bereits den nächsten Auftrag für ein Kriegerdenkmal, diesmal für Pjotr Kotljarewski, einen General, der Anfang des 19. Jahrhunderts Teile des heutigen Aserbaidschans für den russischen Zaren eroberte.

»Aber Sie wollten ja eigentlich den Entwurf für Kapustin und Janow sehen …«

Bis jetzt hat Anastassija Moissejewa meist schweigend und voller Bewunderung zugehört. »Es ist wohl zwei Jahre her, dass Sie mir den Entwurf präsentiert haben«, sagt sie.

»So lange schon?« Korobzow gießt den Tee auf. Er räumt eine Ecke auf einem Podest frei, stellt Würfelzucker darauf. Dann geht er in eine Abstellkammer. Er pustet, hustet und kommt mit einem Modell heraus, vielleicht einen halben Meter hoch. »Das steht schon ziemlich lange hier rum«, sagt er, »das ist ja völlig eingestaubt. Wo stell ich das jetzt hin?« Er räumt ein weiteres Podest frei. »Das sind Kapustin und Janow!« Er ist sich unsicher bei der Aussprache von

Entwurf des Denkmals für Kapustin und Janow

Janow, fragt bei Anastassija nach, auf welcher Silbe der Name betont wird. Wohlwollend betrachtet er die Miniatur-Piloten, Kapustin, der mit erhobener Hand in die Ferne blickt, und Janow mit geöffneter Fliegerjacke, der nicht weniger entschlossen wirkt. »Man soll sich ja nicht selbst loben, aber es gefällt mir wirklich. Man spürt die damalige Zeit. Ich weiß nicht, wie mir das gelungen ist. Aber mir scheint, es ist wie eine Zeitmaschine, man schaut direkt in die Sowjetunion.«

Anastassija Moissejewa strahlt über das ganze Gesicht. »Andrej hat die Pose gut getroffen. Der erhobene Arm, der zielgerichtete Blick in die Ferne – das drückt etwas Lebensbejahendes aus. Es kommen keine Trauer oder andere negative Gefühle auf. Im Gegenteil, man will näher herantreten, das Denkmal weckt Interesse.«

»Es ist eines meiner Lieblingsprojekte.«

»Mir gefällt besonders, dass es zwei Personen gewidmet ist, Kapustin und Janow«, sagt Moissejewa. »Wir erhöhen nicht einen einzelnen Menschen, sondern es geht um die Heldentat an sich.«

»Woher kommt diese Aura der beiden?«, fragt Korobzow. »Vielleicht liegt es am Gesichtsausdruck, vielleicht an der Uniform … Es hat was. Das ist nicht bei jedem Projekt so.«

»Mir geht es genauso«, pflichtet Moissejewa ihm bei. »Wir hatten ja auch noch andere Entwürfe. Einer stellte ein brennendes Flugzeug dar. Das war nicht lebensbejahend.«

»Ich finde es immer interessant, Helden abzubilden und herauszuarbeiten, was in dem Moment passiert, in dem ein Mensch sich dafür entscheidet, sich zu opfern – ob nun für seine Familie oder für seine Heimat. Der Selbsterhaltungstrieb ist ja sehr fest im Menschen verankert, und diesen Trieb zu überwinden … Ich kann mir nicht vorstellen, was in dem Moment im Inneren eines Menschen passiert, und ich finde es interessant, mich damit zu beschäftigen. Es liegt etwas Besonderes darin … Mystik ist es nicht. Es ist schwer in Worte zu fassen, was einen Menschen bewegt, wenn er sich für etwas Größeres opfert.«

»Ist es nicht toll, dass Andrej gleich nach dem Treffen mit Galina Kapustina mit der Arbeit begonnen hat?«, bemerkt Anastassija Moissejewa.

Korobzow nickt. »Ich war in Rostow, weil dort meine Gedenktafel für Clementine Churchill enthüllt wurde. Da haben wir uns kennengelernt.«

Die Ehefrau des britischen Premiers war von 1941 bis 1946 Vorsitzende der britischen Rotkreuz-Hilfe für Russland. Obwohl auch England vom Krieg gebeutelt war, gelang es Clementine Churchill, bei ihren Landsleuten mehrere Millionen Pfund Spendengelder zu sammeln. Damit wurden lebenswichtige Güter wie Kleidung und Decken, Lebensmittel, Medikamente und medizinisches Gerät für den Verbündeten im Osten finanziert. Dieser Aspekt des Zweiten Weltkrieges droht in einer Zeit, in der die russische Geschichtsschreibung die Rolle der Westalliierten im Kampf gegen Nazi-Deutschland zu schmälern versucht, unterzugehen. Doch auch diese Gedenktafel wurde von der Russländischen Militärhistorischen Gesellschaft in Auftrag gegeben, »in aufrichtiger Dankbarkeit für die Barmherzigkeit und Hilfe in den Jahren des gemeinsamen Kampfes gegen den

Faschismus und in Erinnerung an ihren Besuch in Rostow am Don am 22. April 1945«, steht darauf.

Anastassija Moissejewa kommt noch einmal auf die Rahmenbedingungen für Kapustins und Janows Handeln 1966 zurück. Die Briten waren längst zu Feinden der Sowjetunion geworden. »Es war Kalter Krieg. Es war unklar, wie die Westmächte reagiert hätten, wenn Kapustin das Flugzeug nicht umgelenkt hätte und es auf Berliner Wohngebiete gefallen wäre. Sie hätten behaupten können, es sei der Anfang einer neuen Phase der Konfrontation, und sie hätten alles noch viel schlimmer machen können. Ich denke, auch daran hat Kapustin gedacht.« Auch habe Kapustin die Deutschen nicht für Feinde gehalten. »1966 wohnten er und seine Frau ja schon lange in Deutschland, und alle Geschichten, die Galina Andrejewna erzählt, sind sehr wohlwollend. Es war ja nicht so, dass die Russen die deutsche Nation wegen des Krieges gehasst hätten.«

»Ich habe kürzlich, um mich auf die Arbeit an den Büsten der Marschälle in Komsomolsk am Amur vorzubereiten, Konstantin Simonows *Die Lebenden und die Toten* noch einmal gelesen«, erzählt Korobzow. Die Romantrilogie gehört zu den wichtigsten Werken der sowjetischen Kriegsliteratur. Simonow hat als Kriegsberichterstatter diverse Fronten besucht. Die Romane schrieb er ab dem Ende der Fünfzigerjahre, also zu einem Zeitpunkt, als die Entstalinisierung bereits begonnen hatte. Ihn hätten einige Details und Nuancen sehr beeindruckt, sagt Korobzow. »Es gibt eine Szene, in der die sowjetischen Truppen ein Konzentrationslager befreien. Sie sehen die gepeinigten Menschen und schwören, die Deutschen zu erwürgen, wenn sie sie kriegen. Anderswo geht es um Stalingrad. Da nehmen die Rotarmisten halb erfrorene Deutsche gefangen, und der Held Serpilin sagt: ›Kommt, geben wir ihnen etwas zu essen.‹ Diese Verwandlung weg vom Hass hin zu der Entscheidung, einem anderen, sobald man sieht, dass es ihm schlecht geht, sofort zu helfen – das macht es wohl aus, ein echter Mensch zu sein.«

Korobzow wischt noch etwas Staub von dem Modell. »Ich hoffe, es wird irgendwann gebaut.«

Anastassija Moissejewa nickt. »Da bin ich mir hundertprozentig sicher! Der Unternehmerverband in Rostow hat zugesagt, sich an den Kosten zu beteiligen. Das reicht zwar noch nicht, aber wir finden noch andere Geldgeber.«

Bis vor Kurzem habe ein solches Denkmal rund acht Millionen Rubel gekostet, erläutert Korobzow, umgerechnet gut 100.000 Euro. »Aber die Preise sind gestiegen.«

»In Rostow ist so etwas günstiger als in Moskau«, erwidert Moissejewa. »Aber wir brauchen einen Hauptsponsor. Wir haben einfach keine Kultur des Mäzenatentums.« Dass der Entwurf bereits fertig ist, mache die Sache nicht einfacher. »Gewöhnlich findet man zuerst einen Mäzen, und er gibt einen Entwurf nach seinen Vorstellungen in Auftrag. Das kommt aber nicht infrage. Unsere Initiative hat sich von unten entwickelt. Die Menschen in Rostow, besonders die jungen Leute, wollen genau dieses Denkmal. Das finden einige kommerziell nicht ideal. Aber ich bin sicher, wir schaffen das.«

9 Der Besuch
Eberswalde-Finow

Ein Samstag im Februar 2020, später Nachmittag. Im Display des Mobiltelefons leuchtet eine russische Nummer auf.

»Gesine Dornblüth, hallo?«

Eine Frauenstimme meldet sich auf Russisch.

»Guten Tag. Hier ist Swetlana Weretjochina. Ich bin eine Verwandte von Juri Janow, es geht um die Heldentat der zwei sowjetischen Piloten.«

»Oh. Guten Tag.«

»Anastassija hat mir Ihre Nummer gegeben, ich hoffe, es ist in Ordnung, dass ich Sie anrufe?«

»Klar. Was kann ich denn für Sie tun?«

»Ich bin gerade mit meiner Tochter in Berlin angekommen. Wir sind ein paar Tage hier und ich möchte gern das Museum für Kapustin und Janow in Berlin besichtigen. Ich weiß aber nicht, wo es ist.«

»Wo sind Sie denn jetzt?«

»Wir sind im Hotel.«

»Ja, wissen Sie, es gibt eigentlich kein solches Museum in Berlin.«

»Doch, doch, uns wurde gesagt, dass es hier in Berlin einen Park gäbe, in dem Blumen niedergelegt werden.«

»Meines Wissens gibt es in Berlin nur eine Gedenktafel an einer Straße, direkt am Stößensee. Sie müssten nach Eberswalde fahren, aber das ist außerhalb von Berlin.«

»Ist das weit weg?«

»Nicht sehr. Sie können mit der Bahn fahren. Es ist ein bisschen kompliziert zu erklären.«

»Das macht nichts.«

»Wie lange bleiben Sie denn?«

»Nur wenige Tage. Am Montag möchte meine Tochter einkaufen gehen.«

»Dann müssen Sie gleich morgen nach Eberswalde. Wissen Sie was, wir fahren einfach gemeinsam, ich begleite Sie, wenn Sie nichts dagegen haben.«

Wir verabreden uns für den nächsten Morgen, alles Weitere wollen wir unterwegs klären. Es ist eine gute Gelegenheit, mehr über den Co-Piloten zu erfahren. Denn obwohl wir uns mittlerweile seit zwei Jahren mit dem Absturz der Jak-28P in den Stößensee beschäftigen, wissen wir über Juri Janow immer noch wenig. In seiner Heimatstadt Wjasma, sie liegt nur hundert Kilometer von Rschew und der Gedenkstätte für den Sowjetischen Soldaten entfernt, hat er ein ähnliches Grabmal bekommen wie Boris Kapustin in Rostow am Don. Auch auf Janows Grabstein steht: »Heldenhaft gestorben über Berlin in Erfüllung seiner Pflichten«. Janows Witwe ist nicht alt geworden, die Kinder haben die Öffentlichkeit nicht gesucht.

Ich erkenne die beiden Frauen an einem großen Bund roter Nelken. Der Wetterbericht hat Sturm angekündigt, am Nachmittag wird mit Beeinträchtigungen des Zugverkehrs gerechnet. Der Regionalexpress von Berlin nach Eberswalde braucht nicht mal eine Stunde. Swetlana Weretjochina sitzt etwas kurzatmig in einer Vierersitzgruppe und lauscht den fremd klingenden Ansagen vor jeder Station. Ihre erwachsene Tochter Anja nippt an einem Becher Kaffee. Swetlana Weretjochina versteht kein Wort, alles ist neu und fremd. Die Fünfzigjährige ist zum ersten Mal in Deutschland. Ihr ist warm. Sie öffnet ihren Wintermantel, rückt die Blumen auf ihrem Schoß zurecht und atmet noch einmal durch. Dann fängt sie an zu erzählen.

»Von der Heldentat der sowjetischen Piloten habe ich schon als Kind gehört. Es gab dieses berühmte Chanson, *Ogromnoje nebo*. Das Lied hat mich sehr bewegt, aber ich wusste nicht, was es mit dem Text auf sich hatte, ich kannte die Geschichte dahinter nicht. Als ich später meinen Mann kennenlernte, hat er mir erzählt, dass Juri Janow sein Cousin ist. Mein Mann ist älter als ich. Als Kind, von 1938 bis 1943, hat er sogar in Juris Familie gelebt. Die beiden hatten ein Verhältnis wie Brüder. Juri hat ihn später oft besucht, wenn sein Dienst es ihm erlaubte. Sie haben einander geschrieben und Fotos geschickt. Dann kam Juri irgendwann zur Westgruppe nach Deutschland.« Weretjochina war beeindruckt, so einen berühmten Verwandten zu haben. »Mein Mann und ich haben noch manches Mal über Juri gesprochen, irgendwann aber nicht mehr. Wahrscheinlich hatten wir zu viel mit uns selbst zu tun, die Kinder kamen, und in den Neunzigerjahren ging ohnehin alles drunter und drüber.« Swetlana Weretjochina ist Ökonomin, die Familie lebt in Moskau.

2011 habe sie dann durch Zufall einen Brief aus Deutschland gefunden, erzählt sie weiter: »Von einem Waldemar Hickel von der Russisch-Deutschen Freundschaftsgesellschaft aus Eberswalde.« Das Schreiben sei damals schon fünf Jahre alt und voller Fragen nach der Familie Juri Janows gewesen, nach seinen Lebensumständen. »Adressiert war es an Janows Sohn. Ich weiß auch nicht, wie der Brief bei meinem Mann gelandet ist. Jedenfalls wurde mir klar, dass ihn nie jemand aus unserer Familie beantwortet hat und dass auch niemand jemals in Deutschland war, um Juri Janows zu gedenken.«

Waldemar Hickel sitzt an diesem Sonntagvormittag in seinem Sessel im Wohnzimmer seiner Zweiraumwohnung und schaut aus dem Fenster. Schon zerrt der Westwind an den Wipfeln der Bäume gegenüber auf dem Garnisonsfriedhof. Am Nachmittag sollen die Böen Orkanstärke erreichen. Hickel ist es recht. Er will an diesem Tag ohnehin nicht hinausgehen. Er fühlt sich nicht gut, die Beine schmerzen wieder. Vielleicht wird er sich später noch etwas an den Computer setzen. Als das Telefon klingelt, nimmt, wie meist, seine Frau Marianne ab. Sie freut sich, wenn jemand anruft.

»Guten Morgen, hier ist Gesine Dornblüth, entschuldigen Sie, dass ich Sie am Sonntagvormittag störe. Es geht um die sowjetischen Piloten, die 1966 in den Stößensee stürzten.«

»Na, das ist ja was. Für die ist mein Mann zuständig. Ich übergebe mal.«

»Ja? Hier Waldemar Hickel …«

»Herr Hickel, hallo, ich bin gerade mit zwei Russinnen aus Moskau auf dem Weg nach Eberswalde. Sie sind Verwandte von Juri Janow und würden Sie gern sprechen. Wir sitzen schon im Zug.«

»Das kommt ja ziemlich unerwartet, ich bin ein bisschen krank.«

»Ja, es tut mir auch sehr leid, dass ich Sie so kurzfristig anrufe. Könnten wir denn vielleicht wenigstens auf zehn Minuten vorbeischauen?«

»Na, wann wollen Sie denn kommen?«

»Wann es Ihnen passt. Vielleicht so in anderthalb Stunden?«

»Ja, dann kommen Sie mal. Ich bin da.«

»Es ist mir richtig unangenehm gegenüber den Deutschen, die sich all die Jahre um das Andenken gekümmert haben, dass wir nicht reagiert haben«, fährt Swetlana Weretjochina fort. »Als ich den Brief aus Deutschland fand, kamen mein Mann und ich zu dem Schluss, dass wir das dringend ändern müssen.« Es dauerte dann noch einmal neun Jahre, bis sie mit ihrer Tochter ein Visum für Deutschland beantragte und in ein Flugzeug nach Berlin stieg. Wie so oft half der Zufall. 2019 war sie zur Kur in Tschechien. Dort freundete sie sich mit einer Russin an, die in Deutschland lebt. Die Freundin lud sie ein, sie zu besuchen. »Das hat mich endgültig darin bestärkt, dass ich jetzt handeln muss. Dass ich Kontakt zu den deutschen Kameraden aufnehmen muss, die schon so viele Jahre das Andenken an die Heldentat Juri Janows und Boris Kapustins pflegen.« Der Zufall treibt es toll. »Bis gestern wusste ich nur, dass meine Freundin in der Nähe von Berlin lebt. Eigentlich wollten wir uns in Berlin treffen. Aber als ich sie gestern Abend aus dem Hotel anrief und sagte, dass ich heute nach Eberswalde muss, sagte sie zu mir: ›Genau dort wohne ich!‹ Stellen Sie sich das mal vor, meine einzige Bekannte in Deutschland lebt in Eberswalde, wo auch das Museum der Russisch-Deutschen Gesellschaft ist! Ich habe noch zu ihr gesagt: ›Die Wege des Herrn sind unergründlich. Er führt uns zum Besseren.‹ Sie heißt Ljuba und will uns übrigens am Bahnhof abholen.«

Der Zug verlangsamt seine Fahrt. Die ersten Töne der Melodie »Wer recht in Freuden wandern will« erklingen. »Nächster Halt: Eberswalde.« Swetlana Weretjochina nimmt die Nelken in die Hand und hängt sich ihre Umhängetasche um. Sie strahlt, ihre Wangen glühen vor Aufregung: Sie wird die Freundschaftsgesellschaft treffen.

In den Ohren eines Menschen, der lange in der Sowjetunion gelebt hat, klingt das sehr offiziell. »Ich möchte Fotos und Zeitungsartikel übergeben und helfen, die Informationen über den Piloten Juri Janow mithilfe der Russisch-Sowjetischen ...«, sie korrigiert sich, »der Russisch-Deutschen Gesellschaft zu erweitern.« Vor der Abreise nach Berlin hat sie mit Kapustins Witwe Galina telefoniert. Anastassija Moissejewa hatte auch diesen Kontakt hergestellt. »Galina Andrejewna und ich haben Informationen darüber ausgetauscht, wie der Heldentat in Russland und in Deutschland gedacht wird und wie viele Menschen es in Deutschland gibt, denen Kapustin und Janow nicht gleichgültig sind.« Sie weiß noch nicht, dass das außer Waldemar Hickel nur sehr wenige sind.

Waldemar Hickel hat mittlerweile den Computer angeschaltet. Er möchte sich noch schnell auf den spontanen Besuch vorbereiten und klickt sich durch seine Dateiordner. Er sucht den Brief, den er damals an Janows Angehörige geschickt hat. Er hat alles abgespeichert und nichts gelöscht. Nun findet er ausgerechnet dieses Dokument nicht. Er schaut auf die Uhr. Es ist noch ein wenig Zeit, bis die Frauen kommen.

Die beiden Russinnen werden am Bahnhof erst einmal von der Bekannten, Ljuba, begrüßt. Sie lebe seit mehreren Jahren in Deutschland, sei aber vor allem mit der Pflege ihres Mannes beschäftigt und könne deshalb nicht gut Deutsch, entschuldigt sie sich. Der Bahnhofsvorplatz ist leer, keine Menschenseele. Die Frauen wollen zuerst zum Flugplatz in Finow, um zu sehen, von wo aus Kapustin und Janow zu ihrem Todesflug gestartet sind. Weretjochina möchte tun, was sie als ihre Pflicht empfindet: »Ich möchte am Ort des Geschehens gedenken.« Es dauert eine Weile, bis ein Taxi kommt. »Zum Flughafen, bitte.« Die Fahrerin nickt schweigend und biegt auf die Hauptstraße. Nun geht es mehrere Kilometer stadtauswärts. Weretjochina und ihre Tochter schauen auf die leere Fahrbahn. Links und rechts Plattenbauten und leer stehende Reste von Industriekombinaten. Nach zehn Minuten beginnt Nadelwald. Das Taxi biegt ab und hält nach einigen Kurven vor einem heruntergelassenen Schlagbaum: der Flughafen mit dem Luftfahrtmuseum. Auch hier gähnende Leere. Die Frauen steigen aus.

Swetlana Weretjochina und ihre Tochter Anja auf dem ehemaligen Militärflugplatz Finow

Jetzt bricht die Taxifahrerin ihr Schweigen: »Soll ich warten?«

Weretjochina schüttelt den Kopf. »Wir rufen wieder an.«

»Na, wie Sie meinen.« Dann wendet sie und fährt weg.

Ein Schild weist den Weg zur Kasse. Die Baracke ist verschlossen. Zögernd betreten die Frauen den breiten Weg aus Betonplatten, betrachten die mit Gras bedeckten Flugzeughangars, die sowjetischen Flugzeuge, den Raketenwerfer. Swetlana Weretjochina setzt ihre Kapuze auf. Der Wind, eben noch ungewöhnlich warm, beißt hier draußen in ihre Wangen. Sie entdeckt den Feldstein vor dem olivgrün getarnten Jagdbomber, betrachtet die deutsche Inschrift »IM GEDENKEN AN ALLE OPFER DES KALTEN KRIEGES«, ohne sie zu verstehen. Schweigend tritt sie an den Stein, senkt den Blick, hält inne. Sie teilt das dicke Bund Nelken und legt die Hälfte vor den Stein. Noch schnell ein Foto, dann geht es weiter. Herr Hickel wartet, und vorher möchte sie noch auf den Garnisonsfriedhof.

Der nächste Taxifahrer ist gesprächiger. Von Kapustin und Janow hat er noch nie gehört. »Es gab aber immer wieder Unfälle mit den

Sowjets«, erzählt er. »Ich bin ganz in der Nähe des Flugplatzes aufgewachsen. Einmal ist eine Maschine direkt hier in den Wald gerast.« Die Frauen sind schweigsam, Swetlana Weretjochina scheint nachdenklich.

Auf dem Garnisonsfriedhof gehen die Frauen als Erstes zu dem schwarzen Obelisken mit dem roten Stern darauf. »Wetschnaja pamjat gerojam …«, liest Weretjochina leise vor, »Ewiges Gedenken den Helden«. »Niemand und nichts verschwindet spurlos«, steht auf Deutsch und auf Russisch im Marmor. »Zu gedenken ist wichtig, damit künftige Generationen Patriotismus und Heroismus lernen«, sagt sie, »die jungen Leute müssen lernen, der Heimat zu dienen und sie zu verteidigen. Das ist das Wichtigste. Und sie müssen denen dankbar sein, die ihr Leben der Verteidigung der Heimat, des Vaterlandes gewidmet haben.« Sie nimmt die restlichen Nelken aus der Plastikverpackung und gruppiert sie sorgsam am Fuß des Obelisken.

Die Tochter entdeckt den Gedenkstein am Ende der zentralen Allee, betrachtet die nachkolorierten Fotos der beiden Piloten in Uniform. »Das Bild von Juri Janow hängt bei uns zu Hause an der Wand!«, sagt Anja. Auf der Erde liegt eine leere Friedhofsvase. Swetlana Weretjochina geht zurück zum Obelisken, bückt sich, zählt vier Nelken ab und drapiert sie direkt neben den Fotos der beiden Flieger. In Russland gedenkt man der Toten mit einer geraden Zahl Blumen. Weretjochina bürstet sich das Haar und bittet ihre Freundin Ljuba, sie und Anja vor dem Gedenkstein zu fotografieren: »Für meinen Mann.« Doch der Westwind hat ihr Haar schon wieder zerzaust.

Waldemar und Marianne Hickel erwarten den Besuch im Treppenhaus.

»Ich hab gleich mal eine Frage«, platzt es aus Hickel heraus. »Habt ihr ein Foto von Juri?« Er zupft seinen Strickpullunder zurecht. Alle reden durcheinander, alle drängeln sich in dem engen Flur. Marianne Hickel nimmt den Russinnen die Garderobe ab, rückt Stühle und bestickte Sofakissen zurecht, bis alle am Wohnzimmertisch Platz finden.

»Waren Sie schon drüben auf dem Friedhof? Die Fotos der beiden hab ich selbst zusammengebaut.«

»Ein Farbfoto haben wir nicht«, sagt Swetlana Weretjochina, »bei uns wurde damals nicht in Farbe fotografiert. Aber ich kann Ihnen ein Foto kolorieren lassen und Ihnen dann schicken.« Die Verständigung ist holprig. Hickels kramen ihre wenigen Brocken Russisch hervor. Anjas Englischkenntnisse helfen nicht. Ljuba hält sich im Hintergrund.

»Ich möchte mich bei den Deutschen dafür bedanken, dass sie die Heldentat der sowjetischen Piloten, die ihr Leben geopfert haben, um Bewohner Deutschlands zu retten, über all die Jahre nicht vergessen haben«, sagt Weretjochina. Um eine drohende Gesprächspause zu überbrücken, holt sie Gastgeschenke aus ihrer Tasche: einen Wandteller mit einer russisch-orthodoxen Kirche, russisches Konfekt, schließlich noch eine Tüte russischen Kräutertee. »Für Sie, damit Sie lange leben und glücklich sind!«

»Ach herrje, danke, danke«, sagt Hickel. »Der Arzt hat mir Süßigkeiten verboten. Was wollte ich denn jetzt sagen …«

Seine Frau springt auf. »Ach, herrlich, das gute russische Konfekt! Wir kaufen auch immer welches, russische kleine Kekse in so einer Plastiktüte, wollt ihr mal was kosten?«

Die Besucherinnen gucken fragend: »Sie wollen uns etwas anbieten?« Es ist ihnen unangenehm, aber Marianne Hickel streckt ihnen bereits den Teller entgegen.

Dann geht es wieder um das Foto. Das Bild von Janow habe er vom Museum in dessen Heimatstadt Wjasma bekommen, erklärt Hickel. »Das war halbwegs gut, das habe ich dann genommen.«

»Habe ich verstanden«, sagt Swetlana Weretjochina auf Russisch. »Er möchte, dass wir dieses Foto vergrößern, kolorieren und ihm mailen?«

»Nein«, unterbricht ihre Tochter, »wenn es ein großes Foto gibt, dann möchte er lieber gleich ein großes, in hoher Auflösung, denn sonst wird die Qualität schlecht.«

Hickel nickt. »Genau. Meine Bitte an Swetlana wäre, dass sie das Foto im Museum fotografiert. Denn das sieht ja herrlich aus. Wenn man dagegen von einem kleinen Bild ein großes macht, dann wird das immer Käse.«

»Igor hat ein großes Foto«, sagt Swetlana Weretjochina.

Hickel weiß gerade nicht, wer Igor ist. Stattdessen hat er einen Zettel mit seiner E-Mail-Adresse vorbereitet. »Das machen wir dann später. Ich hab hier die E-Mail-Adresse von mir, und dann senden Sie mir das, ja?«

»Da, da, da …« Swetlana lächelt und nickt. »Ja, ja.«

Sie greift erneut in ihre Tasche und fördert einen Stoß Papiere zutage. Aufgeregt beginnt sie, darin zu blättern, und zieht den Brief hervor, den Hickel 2006 an Janows Angehörige geschickt hat. »Das ist der Ausgangspunkt, weshalb ich Sie heute treffe. Als ich gehört habe, dass es von unserer Seite keine Antwort auf diesen Brief gab, fühlte ich mich nicht wohl Ihnen gegenüber. Sie kümmern sich seit vielen Jahren um die Erinnerung an diese Heldentat, an unseren Verwandten, und wir unsererseits erfüllen unsere Rolle nicht so ganz.« Betretenes Schweigen.

Swetlana Weretjochina beginnt, die Fragen vorzulesen, die Hickel damals gestellt hat: nach Janows Eltern, nach seiner Familie, nach seiner Jugend. »Er hat das militärische Automobilinstitut in Rjasan mit Auszeichnung absolviert. Aber das Militär brauchte damals Piloten. So wurde ihm vorgeschlagen, sich in Orenburg entsprechend ausbilden zu lassen. Er hatte immer davon geträumt, zu fliegen, deshalb hat er das gern angenommen.« Dann wühlt sie in den Fotos und Papierschnipseln auf dem Tisch: »Das ist Nadja mit ihren Kindern. Am Grab von Juri Janow.«

Hickel nickt, sagt aber: »So ein Bild sagt mir nichts, und die anderen erst recht nicht.«

»Das ist seine Mutter am Grab.«

»Nadjeschda?«

»Nein, die Mutter von Juri.«

Hickel hat keinen Überblick mehr, ich auch nicht. Aber da alle durcheinanderreden, merkt das niemand.

Ein Foto ist sorgfältig aus einer Zeitung ausgeschnitten. Das Bild ist körnig, das Papier vergilbt. »Das hier ist die Trauerfeier in Wjasma am 12. April 1966. Da hat sich ganz Wjasma von Juri Janow verabschiedet. Schauen Sie, wie viele Leute da waren. Der Platz war komplett voll. Und das hier ist die Beerdigung auf dem Friedhof.«

»Na, so was ist doch schön, das ist ein gutes Bild. Das wäre nicht schlecht. Ist das aus der Zeitung? Eto gasetnyje?«

»Gaseta, Zeitung, ja, ja.«

»Vielleicht können wir das abkürzen. Mein Kopf ist kein Computer, ich kann das nicht behalten«, sagt Hickel. »Wir haben sehr guten Kontakt nach Rostow und sehr viele Bilder aus Boris' Jugendzeit und so weiter. Jetzt wäre interessant, wer ist computerfest? Swetlana oder jemand anderes? Dann kann man alles einzeln nachher abarbeiten, wenn wir wollen. Wenn ihr mir Bilder schickt.«

»Gut, gut!« Swetlana lächelt erneut und beginnt, die Dokumente wieder einzupacken. »Rostow ist eine große Stadt«, sagt sie entschuldigend, »Wjasma ist etwas kleiner, aber ich möchte, dass Sie wissen, dass es in Wjasma auch ein Museum gibt, in der Schule, die nach Janow benannt ist.«

»Weiß ich, dorthin haben wir den ersten Kontakt gehabt.«

Nun geht es wieder durcheinander. Swetlana Weretjochina legt einen leicht vergilbten Zettel auf den Tisch. »Die Kinder leisten dort einen Schwur, schauen Sie mal.«

SCHWUR DER JANOW-KINDERORGANISATION:
Mit unserem Eintritt in die Reihen der Kinderorganisation »Juri Nikolajewitsch Janow« schwören wir:

1. Die Ehre unserer Schule zu achten.
2. Gut zu lernen.
3. Ältere zu ehren.
4. Uns zu bemühen, das Leben der Kinderorganisation besser und interessanter zu machen.
5. All unsere Kräfte nur für gute und nützliche Dinge aufzubringen.
6. In allen Dingen nur gemeinsam zu handeln.
7. Stolz auf die Freundschaft innerhalb der Kinderorganisation zu sein.
8. Uns um die zu kümmern, die weniger und schwächer als wir sind.

9. Die Schule mit guten Taten zu rühmen.
   Wir schwören, wir schwören, wir schwören!

»Mein Mann geht regelmäßig in die Janow-Schule. Letztes Jahr hat er gemeinsam mit einer Organisationsgruppe, die sich um das Andenken Janows kümmert, erreicht, dass in Wjasma ihm zu Ehren eine Straße benannt wird. Die Anordnung existiert bereits, allerdings gibt es die Straße bisher nur auf dem Papier, denn es ist ein Neubauviertel. Wir werden versuchen, sie mit Anpflanzungen und Blumen zu verschönern, und wir träumen davon, dass es in Wjasma auch ein Denkmal geben wird, das den Helden der großen Tat gewidmet ist, damit sie weiterhin im Gedächtnis des Volkes bleiben: Boris und Juri. Wir werden gemeinsam darauf hinarbeiten, dass ihre Heldentat in Russland eine angemessene Würdigung erfährt und ihnen posthum der Titel Held Russlands verliehen wird.«

Das Unwetter rückt immer näher, die Prognosen für den Abend werden düsterer. In Berlin und Brandenburg soll der Zugverkehr zum Erliegen kommen. Es bleibt nicht mehr viel Zeit für die Völkerverständigung. Einträchtig rücken alle auf dem cremefarbenen Sofa zusammen, machen erst ein Selfie, dann gibt es Küsschen.

Hickel lacht. »Schön, dass ihr gekommen seid. Manchmal dauert es ja.«

»Mein Mann lässt Ihnen großen Dank übermitteln für das, was Sie tun und was uns sehr viel wert ist.«

Die Frauen packen ihre Sachen. Wieder drängen sich alle im Flur, erneut große Aufregung. Auch Marianne Hickel strahlt: »Die Hauptsache ist doch Frieden, Mir!«

»Da, da. Mir!«

Als die Russinnen bereits die Treppe hinuntergehen, meint Hickel noch: »Wenn die beiden Piloten nicht ihr Leben eingesetzt hätten und über die Häuser drüber weg in den Stößensee hineingemacht hätten, hätte es Ostern 66 eine Riesenkatastrophe und ganz schön viele Tote gegeben. Eberswalde liegt weit weg, wir machen das hier bloß deswegen, weil sie hier stationiert waren. Dafür, die beiden zu ehren, ist, finde ich, Berlin zuständig. Aber Berlin macht mehr oder

Völkerfreundschaft im Wohnzimmer der Hickels

weniger gar nichts. Das Interesse der West-Berliner in der Richtung ist gleich null.« Aber das sagt er erst, als die Russinnen nicht mehr in Hörweite sind.

Am nächsten Tag fahren Swetlana Weretjochina und ihre Tochter nach Spandau und legen Blumen auf der Stößenseebrücke nieder. Schon am Tag darauf fliegen sie zurück. Der anschließende E-Mail-Austausch mit Waldemar Hickel verläuft holprig.

Einige Wochen später bekommen wir eine Handynachricht aus Moskau. Swetlana Weretjochina möchte die Gedenktafeln auf dem Garnisonsfriedhof in Eberswalde und in Spandau erneuern lassen. »Bei unserem Besuch im Februar konnten wir die Inschrift auf den Tafeln lange nicht entziffern. Ich habe Waldemar gebeten, uns zu erklären, wer in Deutschland zuständig ist, Privatleute oder amtliche Stellen? Wer genehmigt so etwas? Ich möchte diese Gedenkorte in Ordnung bringen. Waldemar hat mich nicht verstanden. Können Sie, Gesine, ihm erklären, was ich möchte?«

»Liebe Swetlana, ich habe mit Waldemar gesprochen. Grundsätzlich: Die Bürokratie, die mit Denkmälern und Friedhöfen verbunden ist, ist kompliziert. In Berlin und in Eberswalde sind Ämter zuständig, und herauszubekommen, welche genau, würde zu viel Kraft von Waldemar erfordern, er ist ja krank. Aber er hat Sie verstanden.«

»Guten Abend, liebe Gesine! Ich danke Ihnen für die Lösung dieser komplizierten Frage. Ich wollte Waldemar auf keinen Fall belasten. Ich wollte nur wissen, wie das alles in Deutschland abläuft. Meine Absicht war, beim nächsten Besuch in Deutschland selbst zu versuchen, eine Erneuerung der Inschriften zu erreichen. Dazu muss man aber das Verfahren kennen und das nötige Geld haben. Ich bin Ihnen sehr verbunden. Einen schönen Abend.«

Am 9. Mai bekommen wir eine Nachricht mit einem Foto vom Garnisonsfriedhof mit frischen Blumen: »Guten Abend, liebe Gesine! Heute hat meine Bekannte Ljuba, die in Eberswalde lebt, Blumen an der Gedenktafel für Boris und Juri auf dem Garnisonsfriedhof niedergelegt, an der wir mit Ihnen im Februar waren. Es ist sehr angenehm, dass die Erinnerung an die beiden in den dankbaren Herzen der Bewohner Deutschlands lebt. Solange wir uns an sie erinnern, sind sie unsterblich!!!«

10 Völkerverständigung

Viele Menschen in Deutschland sorgen sich um das Verhältnis zu Russland. Unabhängig davon, wie sie zur Politik Wladimir Putins stehen, sehnen sie sich nach Harmonie zwischen Deutschen und Russen. Wenn sie von dem Schicksal der beiden sowjetischen Piloten und dem Umgang mit ihrer Geschichte hören, bewegt sie das. So klingt es zumindest in vielen Zuschriften an, die wir nach zwei Sendungen im Deutschlandfunk über Kapustin und Janow erhalten:

»Sehr geehrte Frau Dr. Dornblüth,
gestern hörte ich zufällig diesen Beitrag im Deutschlandfunk. Der berührte mich sehr, denn wir ›Ossis‹ haben einen anderen Blick auf diesen Teil der Geschichte.

Die menschliche Entscheidung der beiden Offiziere, ihr eigenes Leben für den Erhalt von Hunderten anderen Menschen zu geben, ist schon bewundernswert. Deshalb möchte ich gern von Ihnen wissen, wie man die Gruppierung ›Junge Patrioten‹ finanziell unterstützen kann, damit das geplante Projekt des Moskauer Bildhauer in Rostow/Don realisiert werden kann, oder ist es gar schon?

Freundliche Grüße
Waltraut M.«

»Liebe Gesine Dornblüth,
in Ihrem Beitrag über die beiden Piloten, die 1966 in den Stößensee abstürzten, erwähnen Sie die Skulptur des Bildhauers Andrej Korobzow, für deren Aufstellung Unterstützung benötigt wird. Über welchen Weg könnte denn eine solche Unterstützung erfolgen??

Fragt mit freundlichen Grüßen
Jürgen B.«

»Sehr geehrte Frau Dornblüth, sehr geehrter Herr Franke,
Ihre Sendung über den Tod von Hauptmann Kapustin und Oberleutnant Janow hat mich sehr betroffen gemacht.

Gerne würde ich für das geplante Denkmal in Rostow am Don etwas spenden; nicht zuletzt, weil mein Vater genau dort als Sanitätsunteroffizier stationiert war.

Mit Dank und freundlichen Grüßen!

Dr. Bernward B.«

»Sehr verehrte Frau Dornblüth,
der Bericht über die beiden Piloten, die ihr beschädigtes Flugzeug zur Verhinderung großen Schadens in einem See in Berlin zum Absturz gebracht haben, hat mich sehr berührt. Da wurde dann auch davon berichtet, dass in deren Geburtsstadt ein Denkmal errichtet werden sollte. Wenn dort Geld fehlt, wie Sie berichtet haben, möchte ich gerne helfen – können Sie dabei helfen?

Ich versuche, wo immer ich davon höre, leichtsinnigem Gerede über die Russen zu widersprechen und begreiflich zu machen, Menschen und Regierung auseinanderzuhalten.

Franz Josef Sch.«

Herr Sch. nimmt sogar Kontakt zu Anastassija Moissejewa auf und setzt uns in Kopie. Ein Auszug seines Schreibens: »Ich erinnerte mich, dass ich damals in den Jahren – ich bin 1945 beim Ende des Krieges geboren – von dem Vorfall gehört habe und den Mut und die Entschlossenheit der Piloten bewundert habe, ihr Leben zu opfern, um Schlimmeres zu verhüten, das ist mir damals in Erinnerung geblieben als ein Vorbild – und das war in der Zeit des ›Kalten Krieges‹ etwas ganz Erstaunliches für uns, die wir – leider – glaubten, alle Russen seien Feinde, wozu sie ein gewisses Recht gehabt hätten.«

Unter den Hörerbriefschreibern ist auch Friedemann Gillert aus Eberswalde, der Baptist, Medizintechniker und ehemalige Lokalpolitiker, mit dem wir uns später im Luftfahrtmuseum Finowfurt treffen. Er fragt: »Würden Sie mich mal bitte anrufen? Ich brauche Ihren Rat.«

Am Telefon erzählt uns Gillert, es treibe ihn um, dass »die beiden wichtigsten Länder in Europa sich so auseinanderentwickeln. Das ist für uns alle nicht gut. Besser, wir arbeiten zusammen. Ich möchte den deutschen Menschen zeigen, dass russische Menschen sich für sie geopfert haben, dass sie nicht nur, je nach Sichtweise, ›Befreier‹ und ›Besieger‹ waren. Und die russischen Menschen sollen wissen, dass deutsche Menschen positiv über sie denken.«

Auch Gillert will ursprünglich für das Denkmal in Rostow am Don spenden, aber keinen Einzelbetrag, ihm schwebt ein größerer Rahmen vor. »Wir könnten doch eine Sammlung machen. Es ginge gar nicht darum, die ganze Summe schnell zusammenzukriegen, sondern wir könnten langsam sammeln. Dann könnten wir über mehrere Jahre immer wieder an Zeitungen herantreten und sagen: Jetzt haben wir erst 600 Euro, wir brauchen aber 5.000 Euro, und dann kommt eins zum anderen. Die Lokalpresse in Eberswalde würde das ganz sicher aufgreifen, und vielleicht auch die Presse in Berlin. Also lieber langsam sammeln und immer wieder die Öffentlichkeit herstellen, als Großspender zu akquirieren. Das ist so meine Idee.« Gillert hat bereits eine in Eberswalde ansässige Bürgerstiftung ins Boot geholt, unter deren Dach die Sammlung möglich wäre, und Kontakte in die Lokalpolitik hat er ohnehin. Nun bittet er um den Kontakt zu Anastassija Moissejewa in Rostow.

Gillert ist allerdings durch die Entwicklung in Russland verunsichert. Er hat von dem sogenannten Agentengesetz gehört, das Russland in den letzten Jahren immer weiter verschärft hat. Es sieht vor, dass sich nichtstaatliche Organisationen, Gruppen und Einzelpersonen in ein sogenanntes Register ausländischer Agenten eintragen müssen, sofern sie politisch tätig sind und Unterstützung aus dem Ausland bekommen. Der Begriff »politisch« wird äußerst dehnbar ausgelegt, und als »Unterstützung« kann bereits eine kostenlose Übernachtung bei einem aus dem Ausland finanzierten Seminar gelten. Die Bezeichnung »ausländischer Agent« ist noch aus Sowjetzeiten negativ belegt und wirkt stigmatisierend. »Ich möchte niemanden dadurch in Gefahr bringen, dass ich ihm schreibe oder für ihn sammele. Ich will ja keinem zumuten, als Agent diffamiert zu werden«, sagt Gillert. Als wir ihm versichern, dass das Agentengesetz überwiegend Regimekritiker trifft, ist er beruhigt. Denn zu denen zählt Anastassija Moissejewa nicht. »Na, dann werde ich ihr mal eine E-Mail schicken.«

Anfang 2021 kommt auf einmal eine Nachricht aus Russland: Die Russländische Militärhistorische Gesellschaft hat Anastassija Moissejewas Antrag bewilligt. Damit geht auf einmal alles sehr schnell. Die Regionalvereinigung der Gesellschaft in Rostow am Don sagt zu, die Kosten in Höhe von umgerechnet rund 250.000 Euro für das Denkmal zu übernehmen. Der Entwurf von Andrej Korobzow scheint allseits auf Zustimmung zu stoßen. Nun müssen nur noch einige Ausschüsse und Kommissionen tagen, um die technischen Details festzulegen und andere Formalitäten zu klären.

Gillert freut sich. »So viel Geld hätten wir in ein paar Jahren Kleinspendensammlung niemals zusammenbekommen.« Aber er ist auch ein wenig enttäuscht, denn sein Plan, über lange Zeit in Eberswalde und darüber hinaus Anlässe zur Berichterstattung zu schaffen und die Geschichte Kapustins und Janows im Gespräch zu halten, ist dahin. Den Kontakt zu Anastassija Moissejewa baut er trotzdem aus, bietet ihr Hilfe an. Die beiden kommunizieren per E-Mail mithilfe von Übersetzungsprogrammen. Sie schlägt ihm vor, eine Umfrage durchzuführen. Sie will herausbekommen, wie gut die Menschen in Deutschland über Kapustin und Janow Bescheid wissen. Gillert willigt ein. Moissejewa schickt einen Fragebogen und Begleittexte auf Russisch. Doch es gibt Schwierigkeiten. »Anastassija benutzt aus meiner Sicht zu häufig die Wörter Heldentat, Heldentum oder Held, das klingt für deutsche Ohren abstoßend.« Er habe versucht, die Begriffe beim Übersetzen zu umschreiben. »Die Umfrage soll die Deutschen ja ansprechen, da soll nicht gleich eine Mauer hochgehen.«

Der Umgang mit dem »Heldentum« ist nur ein Problem. Was, wenn die Umfrage bestätigt, dass so gut wie niemand in Deutschland von Kapustin und Janow gehört hat? »Dient das dann der Völkerverständigung?« Gillert ist sich nicht sicher, ob das, was Moissejewa am Ende mit den Ergebnissen macht, in seinem Sinne sein wird. Er habe sie gewarnt: »Kein Mensch kennt die beiden, es sei denn, wir haben vorher mit ihm gesprochen oder er ist von der ehemaligen Deutsch-Sowjetischen Freundschaft. Sie hat gesagt, sie könne damit umgehen.« In Rostow am Don und einigen umliegenden Städten lässt Anastassija Moissejewa mit ihrer Organisation »Allgemeines Interesse« im ersten Halbjahr 2021 eine weitere Befragung zu Kapustin und Janow durchführen. Auch hier haben 87 Prozent der Befragten noch nie von den Piloten gehört.

Am liebsten, meint Gillert lachend, würde er die Umfrage in Eberswalde ein wenig steuern, allein schon, um der Witwe Kapustins eine Enttäuschung zu ersparen. »Sie hat ja den Verlust erlebt, und wenn sie dann noch mitkriegen sollte, dass die Deutschen davon nichts wissen oder dass sie undankbar sind, fände ich das traurig.« Gillert sucht einen Ausweg aus diesem Dilemma. Er hat deshalb schon mit seiner Frau gesprochen, sie ist Lehrerin. »Vielleicht könnte man das Thema in den Schulen behandeln, in den Gesellschaftswissenschaften oder in Geschichte. Dann haben wenigstens die Schüler, die aufgepasst haben, schon mal davon gehört. Und vielleicht kann man die Umfrage nicht nur auf dem Marktplatz und auf dem Bahnhof, sondern auch an der Schule machen.« Sauber ist das nicht, und Gillert weiß das natürlich.

Ende März 2021 kontaktiert er mehrere Zeitungsredaktionen in Eberswalde und Berlin. In diesem Jahr liegt der Absturz in den Stößensee 55 Jahre zurück, aus seiner Sicht ein guter Anlass, um darüber zu schreiben. »Die beiden waren Mitbürger hier bei uns, sechs Jahre lang. Sie haben sich einem Befehl widersetzt, haben sich selbst geopfert, um Hunderte von Spandauern zu retten. Das wäre doch ein gutes Thema für die Region.« Die meisten Redaktionen reagieren nicht. Er schreibt erneut, beschwert sich. »Aber da kam nichts. Die sind kritikresistent.« Er schreibt auch an die Bezirksverwaltung Spandau und fragt nach dem absurden Zaun auf dem Bürgersteig, der die Sicht auf die Gedenktafel am Stößensee behindert. »Von denen habe ich auch keine Antwort bekommen. Vielleicht, weil ich kein Berliner bin. Vielleicht muss man Leuten aus der Zone nicht antworten.« Gillert lacht ein wenig bitter. »Die Berliner sind ja alle ein bisschen mit der Nase nach oben und sind helle und wissen alles besser.« Immerhin bringt das Lokalblatt, die *Märkische Oderzeitung*, einen mehrspaltigen Artikel mit Foto. Die Überschrift: »Eine Heldengeschichte mit vielen Fragezeichen.«

In Russland gibt die Nachricht, dass die Russländische Militärhistorische Gesellschaft das Denkmal in Rostow am Don errichten will, dem Thema neuen Auftrieb. Die Regierung ist auf der Suche nach neuen Helden, und Kapustin und Janow passen perfekt in die heutige Zeit. Das russische Außenministerium hat die Piloten bereits 2020 mit einem Tweet gewürdigt: Ihre Heldentat sei in die Geschichtsbücher eingegangen. Aus Anlass des 55. Jahrestages des Absturzes erzählt das Amtsblatt der Regierung, die *Rossijskaja Gaseta*, die Geschichte der beiden unter der Überschrift: »Die Asse der Asse«. Zusätzlich bringt sie eine große Homestory über Galina Kapustina.

Am ausführlichsten berichtet der Staatssender RT auf seiner russischsprachigen Website. Die Mitarbeiter von RT verstehen sich als »Informationskrieger« und sehen es als ihre Aufgabe, dem Publikum eine »russische Sicht« auf das Weltgeschehen zu vermitteln, als Gegengewicht zur angeblich verzerrenden Sicht der »westlichen« Medien. Unter der Überschrift »Ein Symbol geistiger Größe« erzählt RT zunächst, was am 6. April 1966 geschah. »Als sie erkannten, dass ein großes Risiko bestand, dass Zivilisten umkommen würden, beschlossen die Offiziere, die Maschine in unbesiedeltes Gebiet zu steuern. Im Ergebnis verließ die Jak-28P die Grenzen Ost-Berlins«, schreiben die Autoren. Beim Lesen entsteht der Eindruck, als seien die sowjetischen Flieger für gewöhnlich nicht über West-Berlin geflogen. Das mag ein Versehen sein, es mag bewusste Manipulation sein – wir wissen es nicht. Die Einschüchterung der West-Berliner Bevölkerung durch die jahrelangen ohrenbetäubenden Überschallflüge kommt in dem Artikel nicht vor. Die letzten Momente der Jak beschreibt RT unter Berufung auf einen einzigen Augenzeugen, der damals in einem 25-stöckigen Gebäude gearbeitet und gesehen haben will, wie die Maschine dreimal sackte, dann aber wieder an Höhe gewann: »Offensichtlich hat der Pilot versucht, das Flugzeug auszubalancieren.« Dieser Arbeiter taucht in russischen Berichten immer wieder auf. Dass viele andere Augenzeugen noch am selben Nachmittag berichteten, sie hätten die Maschine »trudeln« und »fallen« sehen, verschweigt RT und schreibt so die Geschichte zweier sowjetischer Piloten fort, die die möglicherweise unkontrollierbare Maschine dank ihres nahezu übermenschlichen Könnens gezielt in Richtung Wasser steuerten. Es ist, anders als bei der *Märkischen Oderzeitung*, eine Heldengeschichte ohne Fragezeichen.

Zur Illustration präsentiert RT eine Fotomontage, die nicht als solche gekennzeichnet ist. Das Bild zeigt die Gedenktafel am Stößensee. Sie ist aus dem Brückengeländer herausgelöst, vergrößert, und statt unscheinbar am Geländer zu hängen, steht sie scheinbar quer auf dem Bürgersteig, sodass sie viel bedeutender wirkt als in Wirklichkeit. Die militärischen Konsequenzen des Unglücks bewertet RT anders als alle, die sich mit der Geschichte beschäftigt haben. So habe der Vorfall keinerlei größere Auswirkung auf die weitere Entwicklung der Programme der Luftwaffe der UdSSR gehabt. »Die Wrackteile und die halb zerstörte Ausrüstung des abgestürzten Flugzeugs waren für die USA und Großbritannien von einem gewissen Interesse, aber sie konnten nichts wirklich Wertvolles in Erfahrung bringen«, zitiert RT einen Oberst der Reserve und Militärwissenschaftler, Sergej Suworow, der selbst in der Westgruppe diente, allerdings auf Panzer spezialisiert ist. Wenn sich diese Version der Geschichte durchsetzt, könnten Kapustin und Janow posthum vielleicht doch noch den höchsten Orden bekommen, denn in dieser neuen Version haben sie dem Staat keinen Schaden zugefügt.

Am Ende des RT-Artikels folgt die in letzter Zeit in Russland übliche Reinwaschung der Sowjetunion: »Laut Sergej Suworow zerstreut die Heldentat von Kapustin und Janow den im Westen verbreiteten Mythos, dass die sowjetischen Truppen in Deutschland den Status von ›Besatzern‹ und ›Unterdrückern‹ hatten. Die Mehrheit der DDR-Bewohner, so Suworow, begegnete den sowjetischen Soldaten mit Herzlichkeit und erkannte, dass der sowjetischen Armee an der Sicherheit der Zivilisten gelegen ist.« RT beruft sich außerdem auf Wladimir Winokurow, einen Professor an der Diplomatischen Akademie des russischen Außenministeriums: »Er unterstrich, dass die Westgruppe der sowjetischen Armee in erster Linie zur Abschreckung der aggressiven Pläne der NATO in Osteuropa, zum Schutz der DDR und der Sowjetunion in Deutschland war. ›Die sowjetischen Truppen befanden sich im Rahmen internationaler Vereinbarungen dort … Wir haben niemandem gedroht, und die Tat von Kapustin und Janow beweist das einmal mehr. Ihre Heldentat ist eine historische Lektion für alle Generationen, ein Symbol für die geistige Größe unserer Soldaten.‹«

Ein Artikel in einem russischen Staatsmedium ist keine offizielle Sichtweise. Aber der Artikel von RT lässt ahnen, welche Wendung das Erinnern künftig in Russland nehmen kann, wenn die Geschichte dort weiter an Bekanntheit und Bedeutung gewinnt. Es ist gut möglich, dass die russische Seite auch aus dem Absturz Kapustins und Janows in den Stößensee eine national-patriotische Erzählung machen wird, bei der Fakten eine untergeordnete Rolle spielen, Zwischentöne und Zweifel keinen Platz haben.

Nachwort

Am 15. September 2021 wird in Rostow am Don der Grundstein für ein Denkmal für Boris Wladislawowitsch Kapustin und Juri Nikolajewitsch Janow gelegt. Wladimir Medinski von der Russländischen Militärhistorischen Gesellschaft ist höchstpersönlich angereist und hält eine Rede: »Hauptmann Kapustin und Oberleutnant Janow waren Militärflieger, aber sie haben nicht getötet, sie haben Leben gerettet, Hunderte Leben. Wir bekommen ein Denkmal für den wunderbaren russischen Soldaten, der nicht tötete, sondern rettete«, zitiert ihn die staatliche Nachrichtenagentur TASS. Auch der Bürgermeister von Rostow ist da, ebenso der Gouverneur des Gebiets. Die Journalisten scharen sich um Galina Kapustina. Sie sei überglücklich angesichts dieses langersehnten Ereignisses, sagt sie freudestrahlend und unterstreicht: »Dass dieses Denkmal kommt, ist das Verdienst von Studenten.« Dutzende Kinder sind in Uniform angetreten, Mitglieder der »Junarmija«, einer militärischen Kinder- und Jugendorganisation. Das Verteidigungsministerium hat sie 2016 ins Leben gerufen, 2021 gehören ihr bereits mehr als 800.000 Jungen und Mädchen an. Soldaten stehen stramm. Eine Militärkapelle spielt. Das Gedenken ist komplett gekapert worden.

Anastassija Moissejewa schickt uns eine Nachricht aus Moskau. Sie sei nicht zu der Zeremonie eingeladen worden. »Trotz dieser Behandlung ist das für uns heute ein Fest!«, schreibt sie. »Es ist unser Werk!« Für Moissejewa ist ein Traum in Erfüllung gegangen.

Andrej Korobzow, der Bildhauer, der das Denkmal kostenlos entwarf, ist ebenfalls nicht dabei. Die Russländische Militärhistorische Gesellschaft hat das Projekt entsprechend der russischen Gesetzgebung öffentlich ausgeschrieben. Korobzow hat seinen Entwurf eingereicht, doch dass er den Zuschlag bekommt, ist keineswegs gesichert.

Er trägt es mit Fassung. »Ich bin Künstler. Möge der beste Entwurf gewinnen.«

Es geht den beiden ein bisschen wie seinerzeit Konrad Tybus, der die Gedenkplatte an der Brücke über den Stößensee anregte, aber zu ihrer Enthüllung nicht eingeladen wurde.

Der Berliner Feuerwehrtaucher Klaus Abraham lebt heute in einem kleinen Ort in Brandenburg. Er ist seit Jahren in Rente, aber bei der Berliner Zeitzeugenbörse aktiv. Auch er hat sich nach einer der Sendungen im Deutschlandfunk bei uns gemeldet und geschrieben, dass er am 6. April 1966 als Erster am Flugzeugwrack im Stößensee war. Er hat zuvor noch nie öffentlich darüber gesprochen, dabei gehörten die Taucharbeiten an der Jak zu den prägnantesten Einsätzen in seinem Berufsleben. Wir sollten doch mal vorbeikommen, schreibt er, er wolle uns etwas zeigen. Wir trinken Kaffee und essen Kuchen, betrachten historische Fotos. Abraham erzählt vom Schlamm in der Havel, von alliierten Soldaten und vom Leben in West-Berlin. »Ich würde Sie gern mal in den Keller mitnehmen«, sagt er nach einer Weile.

Er geht die Treppe hinunter, über einen verwinkelten Flur, öffnet die letzte Tür und macht Licht: sein privates Feuerwehrmuseum. In der Ecke steht ein alter Taucheranzug, auf dem Boden liegen Taucherhelme. An der Wand hängt ein Werbeplakat der Berliner Feuerwehr: »Ein Beruf für ganze Männer! Komm auch du zu uns«, daneben eine Feuerwehraxt mit einem eingravierten Glückwunsch zum 25. Dienstjubiläum. Medaillen und Abzeichen hat Abraham auf rotem Samt drapiert. Er zeigt einen Wimpel der polnischen Gewerkschafts- und Freiheitsbewegung Solidarność mit dem roten Schriftzug auf weißem Grund. »Ich war im Personalrat, da hatten wir Besuch von denen.«

Völkerverständigung war und ist Abraham wichtig. »Ich bin Ehrenmitglied eines amerikanischen Bataillons«, erzählt er. »Wir haben mit den Soldaten Fußball gespielt, Urbanwache gegen die Barracks aus Zehlendorf. Die sind dann immer mit dem Bus gekommen, und die haben uns auch mal eingeladen. Das war was. Ich pflege keine Feindschaften, das ist nicht meine Welt. Sie müssen nur die richtige

Klaus Abraham mit dem Wrackteil der Jak-28P

Umgangsform finden, dann funktioniert alles. Es sind ja alles Menschen.« Abraham lacht. »Wirklich, hat Spaß gemacht.« Völkerverständigung über die Mauer hinweg war allerdings beinahe unmöglich. »Die Teilung hat dazu geführt, dass jeder eine feste Meinung hatte«, beschreibt Abraham die Atmosphäre, die damals in der Stadt herrschte, »da haben viele den einzelnen Menschen nicht mehr gesehen.«

Dann erkundigt er sich nach der Witwe des sowjetischen Piloten. Ob Frau Kapustina gesund sei, ob sie vielleicht mal nach Berlin komme? Er nimmt ein flaches Stück Blech, etwas größer als seine Hand, aus dem Regal. Die Ränder sind leicht hochgebogen und haben ein paar Löcher. »Wahrscheinlich von den Nieten«, vermutet er, »die sind bei dem Druck rausgeflogen. Es ist alles auseinandergeflogen.« Es ist das Stück vom Rumpf der Jak-28P, das er 1966 auf dem Grund des Stößensees hat mitgehen lassen. »Wenn die Witwe mal kommt, dann würde ich ihr dieses Stück gern überreichen. Vielleicht freut sie sich darüber.«

Anhang

Quellen

Agarew, Aleksandr/Kobbe, Klaus-Peter: Bestandsaufnahme einer Flugzeugkatastrophe über Berlin. Hrsg. vom Luftfahrtmuseum Finowfurt, Netteverlag 2016.

Agarew, Aleksandr/Kobbe, Klaus-Peter/Großer, Roland/Sisowa, Irina: Im Himmel über Berlin. Eine tragische Seite der Epoche des Kalten Krieges. Rjasan, Verlag Russkoe Slowo 2012 (zweisprachig Russisch und Deutsch).

Freundt, Lutz (Hrsg.): Himmelsstürmer. Flugunfälle und Fliegergräber der Sowjetarmee in Deutschland. AeroLit Verlag 2008.

Kellerhoff, Sven Felix/Kostka, Bernd von: Hauptstadt der Spione. Geheimdienste in Berlin im Kalten Krieg. Berlin Story Verlag 2017.

Artikel und Mitschnitte aus folgenden Agenturen, Zeitungen, Zeitschriften, Rundfunksendern:

ADN, Berliner Morgenpost, Berliner Zeitung, B.Z., Der Kurier, Der Tagesspiegel, Deutschlandsender, Die Wahrheit, DPA, Märkische Oderzeitung, Neue Zürcher Zeitung, Neues Deutschland, RIAS, SFB, Spandauer Volksblatt;

Komsomolskaja Prawda, Krasnaja Swesda, Krasnoe Snamja, Molot, Perwyj Rostowskij Telekanal, Rossijskaja Gaseta, RT, TASS.

Bildnachweis

Gesine Dornblüth: S. 57, 78, 98, 113, 122, 124, 132, 140, 148, 158, 161, 170, 176, 189

Waleri Kapustin: S. 13, 16, 17, 19, 63

Landesarchiv Berlin: S. 42 (B Rep. 002 / Nr. 13702 / Nr. 13), 81 (B Rep. 002 / Nr. 13702 / Nr. 90), 85 (B Rep. 002 / Nr. 13702 / Nr. 81)

picture alliance / dpa: S. 14 (2)

Spandauer Volksblatt: S. 38, 49, 92

ullstein bild: S. 37

ullstein bild / Berlin-Bild: S. 23, 25, 29

ullstein bild / Hans-Jörg Schütt: S. 35

Wir danken

unseren Protagonistinnen und Protagonisten für ihre Gesprächsbereitschaft und Offenheit,
Alexander Agarjow von der Universität Rjasan,
Tatjana Mazko, Lehrerin an der Schule Nr. 51 in Rostow,
Susanne Hähnel-Tybus,
Sylvia Glawe vom Landesarchiv Berlin,
dem Stadtgeschichtlichen Museum Spandau in der Zitadelle,
Bernd von Kostka vom AlliiertenMuseum,
Silvia Stöber,
Julia Smirnova.

Die Autoren

Gesine Dornblüth, geboren 1969, ist promovierte Slavistin und Hörfunkjournalistin. Von 2012 bis 2017 war sie Deutschlandfunk-Korrespondentin in Moskau. Seit Beginn der 1990er Jahre unternahm sie zahlreiche Recherchereisen nach Russland, später in den gesamten postsowjetischen Raum.

Thomas Franke, geboren 1967, ist Journalist, Autor und Produzent für SWR, Deutschlandfunk, BBC und andere. Von 2012 bis 2017 lebte er in Moskau. Zuletzt erschien von ihm das Buch »Russian Angst – Einblicke in die postsowjetische Seele«.

2001 wurden beide gemeinsam mit dem Prix Europa ausgezeichnet.